心をひらく

The Open Heart

あなたの人生を変える
松下幸之助

Changing your life through
the philosophy of
Konosuke Matsushita

James J. Skinner

ジェームス・スキナー

［監修］
柴田博人
ＰＨＰ研究所経営理念研究本部

PHP

下幸之助は、江戸時代の剣豪宮本武蔵《むさし》を大変好きだったという話を聞き、驚きました。というのは、私は高校時代に、親しい友人から「ムサシ」というあだ名で呼ばれていましたし、作家吉川英治の長編歴史小説『宮本武蔵』を日本の大学生たちに講義していたこともあるのです。

そのほかに、京都にある松下幸之助の別邸「松下真々庵《しんしんあん》」に招待され、そこにある美しい日本庭園を案内されました。実は、私は実家のあるポートランド市では、「日本庭園協会」の会員になっていますが、なんと真々庵の庭師に年に一度アメリカまで来ていただき、うちの庭園のお世話をしていただいているのです！

こういう偶然がいくつも重なり、本書の出版は、何かしらのお導きといいますか、天地自然の思《おぼ》し召《め》しといいますか、そういう深い意味合いのあるものだと確信しました。

しかし、何はともあれ、「身に余る」という言葉は頭から離れません。

松下幸之助の名著『道をひらく』は、すでに510万部の売り上げを記録し、日本市場ナンバーワンのビジネス書として、確固たる地位を築いています。

また、私が翻訳を手がけて、世に広めたスティーブン・R・コヴィー博士の『7つの習慣』も、多くの人たちの手で脈々と受け継がれ、最近では、ついに200万部を突破し、多くの人たちに感動を与えています。

本書の執筆を通して、私に課せられた役割というのは、松下幸之助の人生と経営哲学を今の世代の人たちのために翻訳・解説し、またビジネスにとどまらず、生活全般におけるひとつの成功メソッドにしあげるということです。

普段、私のやっている仕事というのは、セミナーや講演会などで、人びとに、より優れた戦略や手法を教え、その人の生活において劇的な変化を得られるように指導したり、また『成功の9ステップ』『お金の科学』『100%』など、みずからの著書を通じて、読者の皆様により豊かな人生を送れるきっかけを与えたりするということです。ですから、一般的には、そういうイメージが強いのかもしれません。

しかし、それ以外に、もうひとつの顔が私にはあるのです。

それは、『7つの習慣』のときと同じように、世の中にとって、大きく役立つ考え方やコンテンツを分かりやすく伝え、広めるということです。

そのために、たとえば、元アメリカ合衆国副大統領のアル・ゴアの『不都合な真実』のイベントを企画して、彼と一緒に地球の温暖化問題について日本の有識者たちに説明したり、日本の経営者たちと一緒にロシアを訪問して、元ソビエト連邦共産党書記長のミハイル・ゴルバチョフとの会談を行なったり、また生前にピーター・ドラッカーの衛星放送講義を開催し、そのまとめ役をつとめたりしているのです。

さらに、『金持ち父さん　貧乏父さん』のロバート・キヨサキのために、5000人の講演会を企画し、ロバートや奥様のキムの通訳をしたり、1億冊突破『心のチキンスープ』のマーク・ビクター・ハンセンや『ベスト・パートナーになるために』の著者ジョン・グレー、「M・Kガンジー非暴力研究所」創立者のアルン・ガンジー、あるいはロンドンオリンピックの開会式の演奏で世界に大感動を与えた打楽器演奏者のエヴェリン・グレニーなどを日本に招待して、私のセミナーのステージで一緒に講演し、彼らの素晴らしいメッセージを日本人の皆様のために優しく通訳し、解説を付けているのです。

ですから、今回の『心をひらく』の執筆も、この活動の延長線であり、この能力を活かす絶好のチャンスと捉《とら》え、取り組むことにしました。

松下幸之助は、経営の神様でした。

生きているあいだに、松下電器産業（現パナソニック）の連結対象子会社だけでも163社を築き上げていますし、また家電などの分野において新しい製品が誕生するとき、松下系列の会社が50％のシェアを獲得し、残りの50％をその他の企業で分け合うというのは、もはや当時の常識になっていました。

しかし、松下幸之助の魅力というのは、決して業績だけではありません。

それなら、ソニーの盛田昭夫や本田技研工業の本田宗一郎など、学ぶべき経営者は、ほかにもたくさんいることでしょう。

松下幸之助のすごさというのは、その哲学にあるのだと思います。

戦後の有名経営者のほとんどが、人並み外れた技術力をもち、それをもとに会社を育ててきました。

しかし、松下幸之助に限って、そうではありません。

小学校4年生で中退し、丁稚《でっち》として奉公生活を余儀なくされ、23歳のときに会社を設立、普通の若者ならまだ大学に通っている年齢で経営の道に入りました。ですから、ある意味においては無学であり、往々《おうおう》にして、社員の力に頼らなければなりませんでした。

つまり、「技術力」ではなく、「人間力」を頼りに成功したということです。

独自の企業のミッション・ステートメント「産業人の使命」を掲げ、自社の利益にとどまらず、社会における貧困の撲滅《ぼくめつ》を企業の存在目的に位置づけた経営者だということも、その哲学や思想に対する情熱を物語っています。

また Peace and Happiness through Prosperity（〝繁栄によって平和と幸福を〟の意。英文の頭文字をとってPHPと呼んでいる）の運動を通して、平和で幸せな社会を築き上げることにつとめ、「松下政経塾」を設立することで優れたリーダーの育成にも尽力し、さらにみずからの経営や人生の考え方を本に綴《つづ》り、そうしたさまざまな活動を通じて、より豊かな社会の構築に貢献しました。


しかし、そうはいうものの、松下幸之助は1894年生まれということもあって、関西の方言もきつく、遺《のこ》された音声から学ぶにしても、現代人にとっては、言葉をそのまま受け取るのはむずかしくなってきています。また悲しいことに、松下幸之助の存在そのものを知らない若者がふえるばかりです。

本書を通して、この言葉や時代の壁を超えて、松下幸之助の素晴らしい考え方を分かりやすく解説し、私の心をひらいてくれたのと同じように、あなたの心をひらく結果にいたれば、これ以上の幸せはありません。

訳する仕事は、解釈する作業であり、そのため、私見が随所に入り込むことは避けられません。また現在の読者にとって、分かりやすくするために、ところどころ松下幸之助や周囲の人びとの言葉を、言い換えて記載することにしています。大変僭越《せんえつ》なことと思いながら、お許しいただきたいと思います。

だれよりも松下幸之助を愛し、その思いを深く理解し、それを広めることに力を尽くしているＰＨＰ研究所の編集者や役員の方々の校正に心から感謝します。

また、松下資料館、松下真々庵、パナソニックミュージアム松下幸之助歴史館など、松下幸之助の世界を私に対して全面的に開放してくださり、このプロジェクトを心よりサポートしてくださった方々に対しても、筆舌に尽くしがたいご恩を感じております。

ここまで辿《たど》り着いて、アメリカの鉄鋼王アンドリュー・カーネギーから、その成功哲学を研究するために100%のアクセスを許されたナポレオン・ヒルと同じ気分です。そしてこの度、ナポレオン・ヒルと同じぐらい、あるいはそれ以上に大切なことを発見しましたので、本書を通して、それをあなたに紹介したいと思います。

心をひらけば、何でも可能になります。
それを証明したのは、松下幸之助です。

早速、心をひらく旅に出かけましょう。

心からの愛を込めて
ジェームス・スキナー

心をひらく◎目次

PART
1

著者からの挨拶
願いはかなう

PART

2

自分の心をひらく

素直

PART 3 人の心をひらく

PART 4

社会の心をひらく

共存共栄

PART 5 正しい生き方へ

※「ジェームス・スキナー」「四つの元型」「成功の9ステップ」「お金の科学」はジェームス・スキナーの登録商標であり、「7つの習慣」はフランクリン・コヴィー・ジャパンの登録商標です。

PART 1 願いはかなう

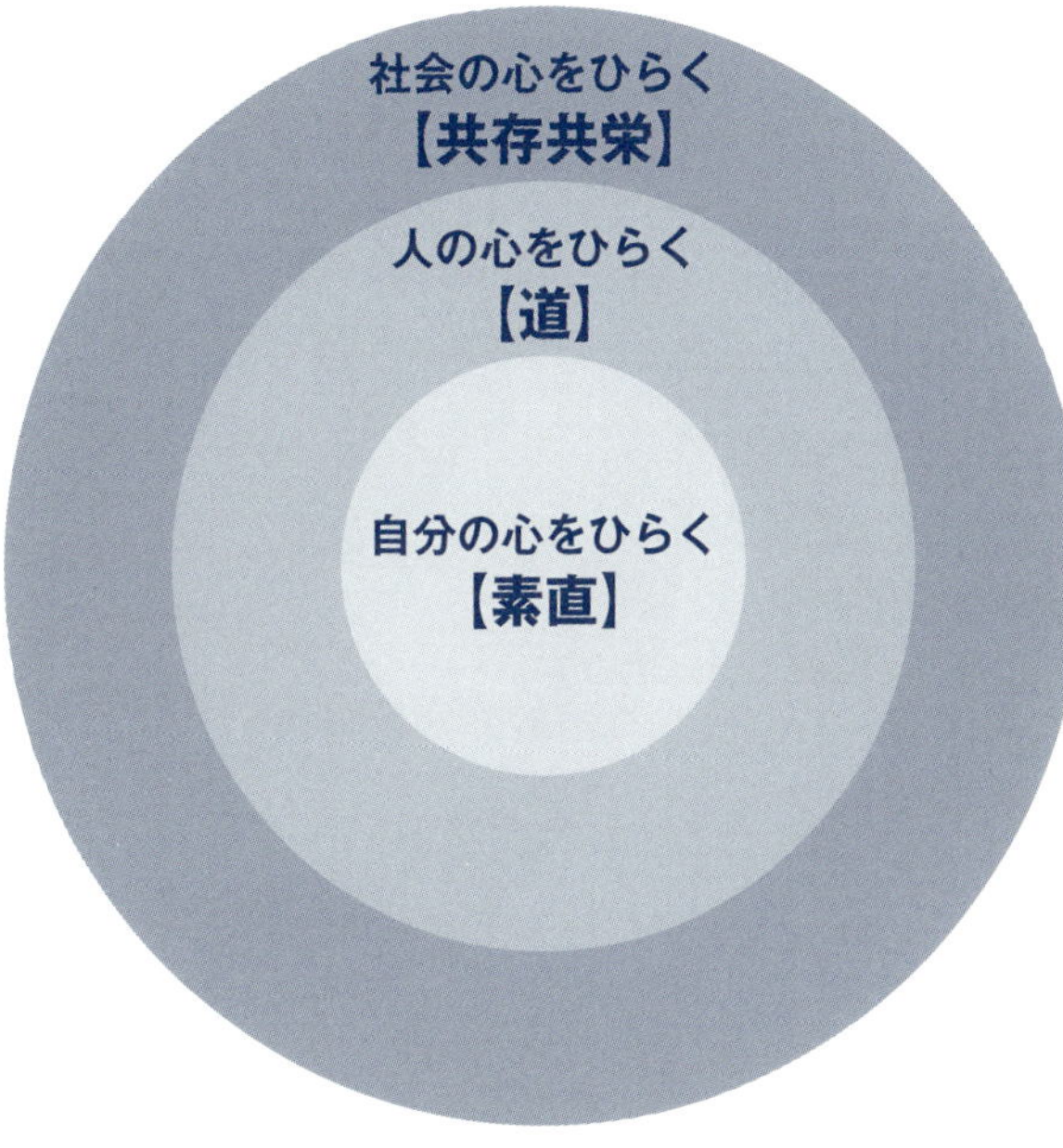

心
松下幸之助

心の連続体の発見

たえずみずからに問い、みずから答えるということをくり返していかなければならない。そうした自問自答こそ、日々決して怠《おこた》ってはならない。

松下幸之助（『指導者の条件』より編集）

松下幸之助の世界をすべて見て

あれだけ大きな企業をつくれたのはなぜだろう？
あれだけたくさんの会社を築き上げられたのはなぜだろう？
あれだけ社員から愛され、素晴らしい関係を構築できたのはなぜだろう？
あれだけ企業経営のみならず、各分野において成果を出せたのはなぜだろう？

松下幸之助に関するさまざまな本を読み、資料館に行ったり、ゆかりの深い土地を訪ねたり、いろいろな人の話を聞いたり、本人の邸宅を訪問したり、持ち物に触れたり、彼の建てた社《やしろ》にお参りしたり……と松下幸之助の世界をすべて見てきた。

そこで考えた。

このすべてをつなげる本質とは、いったい何なのか？

さまざまな著作から引用される文章であるとか、側近だった人たちの語るエピソードであるとか、そのひとつひとつをつなげているものとは、いったい何なのだろうか？

経営だけじゃない

松下幸之助のやってきたことのひとつひとつを真似ようとしても、それだけではダメなのだろう。私たちが直面している現実とは事情が違っているからだ。

時代も変わっていれば、文化も変わっている、環境も変わっている。

それに、だれもが電器メーカーをつくろうとしているわけではない。事業家ばかりでもない。ビジネスパーソンもいれば、主婦や学生もいる。科学者やジャーナリストもいる。

松下幸之助の知恵ははたして会社経営だけにしか通じないのか。

会社経営だけでなく、国づくりにも応用できるのではないか。

家庭を営《いとな》むうえでも応用できるのではないか。

ボランティア活動においても、活用できるのではないか。

毎日の生活にも広く活かせるのではないか。

私たちが直面しているさまざまな状況において、どのようにその知恵を活用できるのだろうか。

こういうとき、このような場合は、もし松下幸之助が当事者だったら、どう判断するのだろうか。

どこを見ればいいのか？

こんなことを思い浮かべつつ、瞑想をしていると、松下幸之助の世界のさまざまなイメージが頭の中に交錯してきた。見学させてもらった創業の地や旧本社といったゆかりの地とか、発明した製品や愛用していた自転車といったゆかりの物とか、松下真々庵の庭や邸宅の中とか……。

そして、そのときに閃《ひらめ》いた。

松下幸之助のいったいどこを見れば良いのか……。

それは松下幸之助直筆の文字だったのだ！

若いときから武道を嗜《たしな》んでいた私には、武道家としての一面がある。
そういう関係もあって、先述のように、宮本武蔵という昔の武道家が大好きなのである。

昔の武道家というのは、流派を打ち立てて、その最期には、巻物を遺す。
自分の必殺技とか秘伝を巻物に描《か》き記して、後世に託している。
しかし、宮本武蔵について調べてみると、おもしろいことに、巻物がない。その代わりに、何があるかというと、自画像1枚。両手に剣を持って、立っている自分の姿だけだ。

分かる人には分かるだろうが、分からない人には、分からなくていい……。
そんなところに武蔵の気迫が感じられる。

「この1枚から私の技を盗めるものなら盗んでみろ。

すべてここにある。
私が描《えが》いた私の姿を見て、分かってほしい」

私は武道家としてそんな目でずっとこの絵を見てきた。

そのことを思い出して、松下幸之助の直筆の文字を見るとどうだろう？
やはり、**彼の哲学がすべてその中に集約されていた！**

筆を手に取るときにひとつひとつ、なぜこの字を選んで、わざわざ遺そうとしたのか？
適当に書道の手本を書いているわけでは決してない。
これは、社員に一番伝えなければならないメッセージだ。
これは、後継者に一番伝えなければならないメッセージだ。
その漢字の選び方の中に哲学が秘められていたのである。

ＰＨＰ研究所や松下資料館を見学していたとき、松下幸之助直筆の文字４つが、私の目にとまった。

この4つの漢字を並べてみたら、そこにひとつのプロセスが描かれていた。

そして、このプロセスというのは、松下幸之助みずからが、あれほどの大事業を成し遂げるために使われたプロセスそのものだったのである。

すべてが「心」からスタート

最初の文字は、「心」だ。


これを見て、思った。

全部これだ！


心のもち方で、あれだけのことを果たした。

心でやっているからこそ、周りの状況などは、あまり関係がない。

戦前でも、戦中でも、戦後でも、やり続ける、成功し続ける、大きくなり続ける。不景気になっても乗り越えていく。環境が変わっても、外側のことではない、その内側にある心が大切だったのだ。

松下幸之助がやっていたことはすべて、この「心をひらく」ということだけだった。

人間は心だ。

人間は学歴ではない。
心なのだ。

人間は持っているお金ではない。
心なのだ。

人間は年齢ではない。
心なのだ。

人間は性別ではない。
人間は人種ではない。
心なのだ。

心のもち方を間違ってしまったら、何もできない。

しかし、心のもち方さえ正せば、できないことは何もない。

「心」という直筆の文字を見て、この真実が浮かんできたのである。

素直になって初めて心がひらかれる

「心」に続く残りの3文字が、心をひらくプロセスであり、順序を示してくれるものになる。

最初は、自分の心。

やはり、全部ここからスタートする。

この「自分の心をひらく」ことについて、松下幸之助はずっとひとつの言葉で表現していた。


その言葉とは、「素直」。

これが、次の直筆の文字だった。

自分の心をひらいて、あなたは「素直」になれるだろうか？

素直になれなければ、できない理由ばかり考えてしまう。
言い訳ばかりつくってしまう。
最初から、あきらめてしまう。
こういう邪心ばかりがわいてくる。

学歴がないから、できないのだ。
資本金がないから、できないのだ。
女性だから、できないのだ。
男性だから、できないのだ。
若すぎるから、できないのだ。
年寄りだから、できないのだ。

こういうストーリーが後を絶たない。

しかし、素直になれば、自分の道を元気よく歩み出す。
必要な行動をとればいいだけだと物事をシンプルに考える。
そうなれば成功へと導かれる。

ひとりの力ではダメだ

これを聞いて、思うことはあるだろう。

「そうは言うものの……」
「こんなちっぽけな私が、こんな小さな私が……」
「私がもっている心の力では限りがあるのではないか」

そのように考えてしまうことがあるに違いない。

その悩みに答えよう。

「はい。その通りだ！　限りがある」

しかし、それは問題にはならない。

松下幸之助にしても、スティーブ・ジョブズにしても、アンドリュー・カーネギーにしても、今まで大事業を成し遂げてきた全人物を調査したところで、ひとりの力だけで大きなことをやり遂げた人はだれもいない。

だれにだって、限界がある。


そこで、次の文字が登場してくる。

それは人の心をひらく「道」。


正しい、人の「道」を歩んでいるだろうか。

人間はどういうときに感動し、どういうことに感銘を覚え、どういうものにインスピレーションを感じ、どういうものに自分の心が振動し、共鳴して心をひらくのか？

これは、実に簡単なことだ。

人の道を歩んでいるときである。

ここで基本的な人のあり方、そういうあり方で相手に接しているかどうかが問われるのだ。

もっと大きな力を借りる

しかし、本当に大きなことをしたい、継続的に有意義な成功をおさめたいと思っているのであれば、自分と周囲の人たちの力量だけではダメだ。

家族の中だけのこと、小さな事業を営むといったことならば許されるだろう。けれども、本当に大きなことを成し遂げるためには、もうひとつの心をひらいていかなければならない。

それは社会の心。

社会全体が、あなたのやろうとしていることを支持してくれるだろうか？「これはいいことだ」「これは絶対社会の中にあった方がいい」「この実現を許そう、いや後押しをしよう！」「これが潰《つぶ》れるようなことになっては困る」と、そう思われるかどうかが鍵を握る。

そのために松下幸之助はもうひとつの漢字を書き遺している。

「共存共栄」という文字だ。

やろうとしていることは、みんなにとっていいことにならなければいけない。

自分の会社だけではダメなのだ。
自分の街だけではダメなのだ。
自分のところの従業員だけではダメなのだ。
みんなにとっていいことにならないといけない。

そうなれば、社会全体が、「これは社会の中になくては困る」「とても必要なものだ」「支えていこう」と、こうなるはずだ。

あなたの心は今、どれくらいひらかれているのだろうか？
どのくらい素直になっているのだろうか？
周りの人たちとの関係は、今どのくらい良好なのだろうか？
そして、社会全体があなたのやろうとしていることに対して、どのくらいサポートを表明してくれているのだろうか？

これは「心の連続体」であり、すなわち松下幸之助の哲学なのだ。

自分の心をひらく「素直」→人の心をひらく「道」→社会の心をひらく「共存共栄」

道に迷ったとき、必ずこの簡単なモデルに戻って、それを見ながら考えるようにすれば、どこをどのように修正すればいいのか、どう行動すればいいのか、すぐ分かることだろう。
そして、あなたのすべての夢が可能になるに違いない。

心をひらく

心構えとして大切なことはいろいろあるが、一番根本になるものとして、私自身が考え、つとめているのは、素直な心ということである。

経営者とはこの素直な心があって初めて生きてくるのであり、素直な心を欠いた経営者は、決して長きにわたって発展していくことはできない。

素直な心とは、自分の利害とか感情、知識や先入観などにとらわれず、物事をありのままに見ようとする心である。

経営というのは、天地自然の理に従い、世間・大衆の声を聞き、社内の衆知《しゅうち》を集めて、なすべきことを行なっていけば、必ず成功するものである。その意味では、必ずしもむずかしいことではない。

人間は神ではないけれども、素直な心が高まってくれれば、それだけ神に近づくことができるとも考えられる。したがって、何をやっても成功するということになる。

松下幸之助（『道をひらく』より編集）

3つの大切な心

自分の心、人の心、社会の心。

これに訴えかけ、そのそれぞれの心をひらき、それにより、みんなの力を集めて活用することは、松下幸之助の哲学である。

それ以上はない。

そして、それにより、人生は成功していく。

あなたの大切にしているものは何だろう？

・多くの友人を得たいと願っているのか？

・お金持ちになりたいと思っているのか？
・素敵な彼氏・彼女、あるいは結婚相手を探したいのか？
・会社を大きく成長させたいと計画しているのか？
・幸せな家庭を築き上げたいという夢をもっているのか？
・素晴らしい商品を世の中に送り出したいと考えているのか？
・教育活動を通じて、他人《ひと》の開眼につとめているのか？
・科学の秘密を解き明かし、より便利な社会にするための研究を行なっているのか？
・自然環境の保護に働きかけたいのか？
・政治の世界で、街や国の流れをより良い方向に変えたいのか？
・ボランティア活動を通じて、地域の活性化に励んでいるのか？

大きな夢をひとつだけもっているのかもしれないし、あるいは複数の目標を思い描いているのかもしれない。

今、その願いを心の中に思い浮かべてみよう。
それを達成できたときの喜びやその意味合いの大きさを考えてみてほしいし、またそこにいたらなかったときの悲しみや悔しさも思い描いてみてもらいたい。「どうしてもこれを達成したい！」と、そう思えるようになるまで、思いめぐらしてみよう。

自分の夢や目標を鮮明に思い浮かべることができただろうか？
どうしてもそうなりたいという意欲がわき上がってきただろうか？

あなたの夢は人にかかっている

ここで大切なことをふたつ申し上げよう。

まずひとつは、その夢はどのようなものであれ、それは達成可能だということである。

約束しよう。必ず実現できる。

もうひとつは、その目標の達成は人にかかっているということである。

・自分自身をどうするのか？
・相手や周囲の人たちはサポートしてくれるのか？
・社会全体がその活動に共鳴し、支えてくれるのか？

すべてがこれにかかっている。

人は心である。
それ以外にない。

心をとざせば、何もできない。

へそを曲げて、できない理由ばかりを考え、言い訳をつくり、落胆し、簡単にあきらめてしまえば、最初から敗北である。

周りの人たちの機嫌を損《そこ》ねて、怒らせ、嫉妬させ、敵に回してしまえば、協力は得られないし、成果は自分ひとりの力でできることに限定される。

社会があなたの夢に反対し、また脅威を覚えれば、制限するための法律や規制をつくり、細かいルールを設定し、やがてあなたは身動きがとれなくなる。そしてあらゆる場面において道がふさがれ、必要な出会いも与えられず、結局失敗に終わってしまう。

しかし、「素直」な心をもち、自分の夢に精一杯取り組み、周りの人たちの協力を得る「道」を歩み、「共存共栄」を目指すことで、社会全体もあなたの活動に賛同し、後押ししてくれるとなれば、どんな夢でも、どんな大それた目標でも可能になる。

経営はあとからついてくる

松下幸之助は常にこのことを大切にしていた。それを表す簡単なエピソードを紹介しよう。

山田利郎がペルーで松下電器産業（現パナソニック）の子会社を経営していたときのことである。

当時、年に一度日本に帰国し、髙橋荒太郎《あらたろう》副社長に業績の報告をしていました。報告を聞き終わってから、副社長はいつも、「松下幸之助創業者に挨拶して帰れ」と言ってくれるのが常でした。

そして、創業者にお会いするのですが、創業者は、「きみの会社は儲かっていないね」とか、「大変らしいね」といったことを一言も言われないのです。

どんな話をするかと思えば、人の心の話ばかりです。

まず、「ご苦労様。よく帰って来てくれた。家族のみんなは元気で頑張っているか」と聞いて、本人と家族の心配をしてくれます。

そして、「現地の従業員は本当に喜んで働いてくれているか。販売店さんは、みんな喜んでくれているか。ペルーの政府に喜んでもらっているか」と続きます。

つまり、周りの社会もみんな喜んでくれているだろうかを考えておられる。

最後には、「まずそういった皆さんに喜んでいただくという前提で、その国に貢献するためにきみは行ったはずだ。まずそのことが大事。そのことを一生懸命に考えていれば、必ず経営というものはあとからついてくる。そうなっていくのだ」と励ましてくれるのです。

創業者から、そのような教訓を与えてもらい、それからペルーの現地に戻り、みんなの心をひらく経営につとめたのでした。

お金はどうにでもなる

心さえひらけば、不可能はない。


一歩も歩かずに、世界中の人と会話できる。

寒い冬を暖かく過ごすことができるし、暑い夏も涼しく過ごせる。

24時間以内に、世界のどこの場所にでも行ける。

地球は、70億人の人口を支えるほどの作物を生み出してくれている。

世界中の最も美しい音楽がいつでも聞ける。

世界の国々が、人道的活動、金融政策、貿易のルール、平和維持活動などで、協力できるための機関を構築している。

自然現象のほとんどを理解できるし、活用することもできる。

インターネットを通じて、全人類の知識と知恵に瞬時にアクセスできる。

世界のほとんどの国々は毎日平和に暮らし、法律に従い、夢のある楽しい生活が可能になっている。

どれも魔法を超える夢物語である。

しかし、**人が心をひらき、決意し、協力の輪を広げ、衆知の力を使うようにすれば、このくらいのことはできるものだ。**

小さなことも可能になる。

家族と一緒に幸せに過ごす、素敵な伴侶《はんりょ》を得る、友達づくり、職場の仲間との円満な人間関係、ストレスのない健康的な毎日、心のゆとり、これらのすべては自分と周囲の人たちがそれぞれ心をひらいた結果なのではないだろうか。

そこで、あなたは思うことだろう。

「いや、そうはいうものの、大きな問題がたくさんあるじゃないか。現実は厳しいことがたくさんあるじゃないか」

はい、確かにその通り。けれども、そこであなたの夢の出番である！

私自身がみずからの心をひらき、人の心をひらき、社会の心をひらき、ひとつの夢を実現した体験談を紹介することにしよう。

会社を設立した直後のことである。

従業員をやっとふたり雇ったものの、まだ事業は軌道に乗らない。

そこで、私の考えたことは、「**まず社会の役に立たなければならない。社会の役に立っていれば、人にとってなくてはならない存在になるだろうし、またみんなに喜ばれ、やがて事業は拡張していくはずである。**しかし、社会の役に立っていなければ、社会という名の生態系から淘汰《とうた》されていくに違いない」

今でも鮮明に覚えている。11月の肌寒い朝だった。オフィス・マネジャーとして採用した若い女性を私の席に呼び、相談してみた。

「来月、クリスマスなのだけど、それに因《ちな》んで、施設に住む子供たち100人を東京ディズニーランドに連れて行ってあげたい」

彼女は、即答した。

「社長、会社の銀行残高を見ていますか？　そんなお金はどこにもありません！」

しかし、これはお金の問題なのだろうか……。

違うのだと思う。

これは、そうしたことが社会にとっていいことなのか、人の心を喜ばすものなのか、必要なことなのか、それだけのことではないか。


私は彼女に向かって、また言った。

「お金が必要なのではない。信じる心が必要なのだ。とにかくいろいろな施設に連絡をとり、来られる子供たちを探してみてください。お金はどうにでもなるだろう」

自分の心をひらき、子供たちのためにやると決意した。

しかし、お金はどうにでもなると言いながら、やはり、通帳を確認してみても、銀行にはない。

どうすればいいのだろうか。

人の心をひらくしかない。


いろいろな知人、仕入れ先、お客様に声をかけてみた。

「来月、施設に住む子供たち100人を東京ディズニーランドに連れて行くことになりました。そこで、あなたにお願いしたいことがあります。その子供のうち、ひとりのスポンサーになってほしいのです。1日のパスポートの料金、昼食代、そして東京ディズニーランドまでの交通費を出してくだされば、その子供はいい思い出をつくり、楽しいクリスマスを過ごせると思います。そして、あなたみずからも東京ディズニーランドに来て、1日その子供と一緒に遊んでほしいのです」

110人ほどに声をかけたところで、必要な資金がすべて集まった。

そして、それからの12年間にわたり、数千人の子供たちと一緒に東京ディズニーランドで遊んできた。最近は、ついに学校を卒業して、就職したかつての子供たちが感謝を伝えるために連絡してくれる。また、一緒にボランティアとして参加してくださった大人たちが、独自でこれと似たようなイベントを開催し、施設に住む子供たちをユニバーサル・スタジオ・ジャパンに連れて行ったりして、ひとつの社会運動みたいなものになってきている。

願いをもてば、手段が与えられる

人間の夢に限りはない。

だから、成長し、進歩していける。
そして、願いをもつということは、それを達成するための手段も同時に与えられるということだと思う。

夢をもつのは、人間に心があるからである。
それを達成できるのも、その心の力なのである。

心をとざせば、夢の灯《あかり》はやがて消えてしまい、フラストレーションと失望の連続で心が痛む。

心をひらけば、夢や目標はさらにわき起こり、達成し、喜び、ワクワクし、ドキドキし、心が満たされる。

どのようにして、あなたの心をひらけばいいのだろうか？
どのようにすれば、目標を達成し、幸せな毎日を送ることができるだろうか？

それが本書の主題なのである。

PART
2
自分の心をひらく

素直

松下幸之助

熱意をもとう！

自分には、自分に与えられた道がある。天与の尊い道がある。どんな道かは知らないが、ほかの人には歩めない。自分だけしか歩めない、二度と歩めぬかけがえのないこの道。

広いときもある。狭いときもある。のぼりもあれば、くだりもある。坦々《たんたん》としたときもあれば、かきわけかきわけ汗するときもある。

この道がはたして良いのか悪いのか、思案にあまるときもあろう。なぐさめを求めたくなるときもあろう。

しかし、所詮《しょせん》は、この道しかないのではないか。

あきらめろと言うのではない。今立っているこの道、今歩んでいるこの道、ともかくこの道をやすまず歩むことである。自分だけしか歩めない大事な道ではないか。自分だけに与えられているかけがえのないこの道ではないか。

他人の道に心を奪われ、思案にくれて立ちすくんでいても、道は少しもひらけない。道をひらくためには、まず歩まねばならぬ。心を定め、懸命に歩まねばならぬ。
それがたとえ遠い道のように思えても、やすまず歩む姿からは必ず新たな道がひらけてくる。深い喜びも生まれてくる。

松下幸之助（『道をひらく』より編集）

自分の中に神を宿せ

6歳のときに、私は犬を飼っていたことがある。イイというジャーマン・シェパードである。そして、今から思えば、この犬から学ぶことが多かった。

昔から、英語で、「A dog is man's best friend =犬は人間の最良の友である」ということわざがあるが、まさに犬は友達づくりの名人といえよう。

考えてごらん。
犬は何もしない。
1日中、家の中で寝そべっているだけである。

にもかかわらず、毎日の食事が与えられる。
家も手に入る。
すごいことではないか。

犬のすることといえば、会ったときに、素直に喜びを見せるだけである。
大きく吠える。
尻尾《しっぽ》を振る。
飛び上がる。
純粋に嬉しいのだ。

そして、その熱意だけで、生活を確保できてしまう！

英語では、熱意のことをenthusiasmというが、ギリシャ語のentheosがその語源である。〝en〟は「内にある」という意味であり、〝theos〟は「神様」という意味になる。つまり、**熱意をもつということは、自分の中に神が宿るという意味である！**

そして、そのインスピレーションの力を借りて行なうようにすれば、不可能なものは何もない。

あと少しだよ！

熱意をもつということは、失敗をしないという意味ではない。

やることがすべてうまくいくという意味でもない。

ただ、熱意があると、どんな障害が発生したとしても、それを乗り越える力をもつ。そして、成功者のひとつの特徴にもなる、苦労を思いやらず、得ようとしている結果しか考えないという三昧《ざんまい》（仏教用語で、無我夢中《むがむちゅう》の状態）の境地になる。

そうなればどんなに大変な状況でも、作業に打ち込み、邁進《まいしん》し続ける。

私が日本語を学んでいたときも、この熱意の力を大きく借りたことを覚えている。

日本が大好き！　日本の文化が大好き！　日本人が大好き！

それだけである。

だから日本語を知りたい！　みんなとコミュニケーションがとれるようになりたい！　知らない日本語はひとつもあってはならない！

素直にそう思った。

日本語のむずかしさとか、道のりの長さとか、そんなことは考えてはいない。毎日7、8時間の勉強もまるで平気である。辞書の丸暗記までやってしまう。何年かかっても挫折はしない。これこそ、自分の道！

だから、遠い道のように思えても、やすまずに歩めたのである。

「いったいいつになったら日本語ができるようになるの？」と尋ねられれば、「あと少しだよ！」と元気よく答える。

いつも、**「あと少しだよ！　きっとあともう少しでうまくなる。もう少しでできるようになる」**これが毎日の口癖だった。

今になって、多くの人から、「どうやって日本語を勉強したのですか？」と質問されるが、答えは「3万時間の勉強だ」。もっと短く答えるとすれば、「熱意だよ」と言うしかない。

あなたは芸術家なのだ！

多くの人が、お金が稼げないという理由のもとに、自分の大好きな道（音楽やスポーツ、芸術など）を捨てている。そして、あまり好きではないけれど、仕事がありそう、お金になりそうな道を選んでしまう。

しかし、皮肉なことに、そうした人に限って、思っていたほど大して稼げていないのではないか。

結局、毎日ストレスに悩みながら生活しているのだ！

熱意がないのは、会社にバレている。

熱意がないのは、お客様にバレている。

熱意がないのは、伴侶にバレている。

化けの皮はすぐはがれる。

熱意がないから、勉強や研究を怠ってしまう。
早く帰りたいと思う。
最低限の努力で済ませようとする。

しかし、天地自然は、そういう人に恵みを与えない。**天の窓がひらかれ、その恵みが注《そそ》がれるのは、熱意をもつ人の上なのである。**

熱意があると、インスピレーションがわく。
朝、早く仕事に行きたくなる。
勉強も研究も熱心になる。
最低限の努力ではなく、自分の成し得る最高の成果を出したい。
それ以下では満足はしない。

仕事は、仕事ではなく、遊びとなる。
仕事は、仕事ではなく、芸術になる。

そう！

あなたは芸術家でなければならない！

レストランで働いていれば、料理はあなたのキャンバスである。
営業マンであれば、お客様の気持ちはあなたのキャンバスである。
スポーツのコーチであれば、選手たちの試合はあなたのキャンバスである。
学校の先生であれば、生徒たちのマインドと将来の人生はあなたのキャンバスである。
夫であれば、妻のハートはあなたのキャンバスである。
妻であれば、夫の気持ちはあなたのキャンバスである。
親であれば、子供の思い出と人格はあなたのキャンバスである。

すべてが芸術であり、熱意と自分の命を注ぎ込むに値するものではないか！

きみは熱心な奴だな

松下幸之助も常に従業員にこの熱意をもつように要求していた。
元松下電送社長の木《き》野《の》親之《ちかゆき》が次のように回顧している。

今までの30年間を振り返ってみますと、松下相談役に叱られたことばかりが頭に浮かんできます。ただ、たまには褒《ほ》められたこともありました。

叱られた場合というのは、一番大切なこと、もしくは一番根本になることの考え方が間違っているときでした。それは、非常に厳しく叱られました。

一方、褒められた場合というのは、その状況を思い出してみますと、ほとんど「木野君、きみは熱心な奴だな」ということだけだったように思うのです。

叱られた場合は、もうたくさんございました。ひとつ例を申し上げますと、相談役はよくこういうことをおっしゃったのです。

「頭のいい奴は、家も滅ぼすし、国まで滅ぼす。だから、頭のいい奴は松下に入れなかった」と。

私は自分のことを頭がいいと思っていませんから、「そうですね」と答えただけでした。ただ、そのお言葉のように、相談役は利口者と言いましょうか、何かしら才気走っている人に対しては、非常に厳しかったように思うのです。

「金儲けの秘訣」とか、「こうしたら儲けられますよ」とか、「これはいい話ですよ」という話を相談役のところにもってくる外部の人がよくありました。

「今、この土地を買ったら、すごくいいですよ。儲かりますしね、松下さんのためにもなります」という、いろいろなことを外部の方はおっしゃるわけですが、そういう話に対しては、相談役は全然相手にされませんでした。

むしろ、そういう案をもってくること自体に対して、憤りを感じられるという感じすら、私には見受けられたように思います。

いわゆる方法論として、うまくやってやろうという人は、非常に厳しいお叱りを受けました。

反対に、真面目に熱心にさえやっておれば、少々やり方がまずくても、また失敗しても、むしろ大いにニコニコして、激励をしていただけた。私の場合、こういう30年間だったように思うのです。

一番でなければ敗者になる時代

現代社会においては、なおさらこの熱意が大事なのだと思う。

現代社会で、良いことをすると、どうなるだろうか？

良い商品を売ると、どうなるだろうか？

良い夫や妻になると、どうなるだろうか？

そこで、「気持ちがいいね」とか、「良い結果が出るよね」とか、「売り上げがあがるよね」と答える人は多いだろう。

しかし、本当にそうなのだろうか？

私のところに相談にやってくる人の多くは、次のような話をする。

「先生、話を聞いてください。私はリストラの対象になってしまった。いい従業員だったのに……」

「先生、話を聞いてください。うちの商品は全然売れないよ。いい商品なのに……」

「先生、話を聞いてください。妻からいきなり離婚を切り出されてしまった。いい夫だったのに……」


あなたもきっとこのような話を2、3度耳にしたことがあるだろう。


これは、情報化時代の特徴といえる。

つまり、「良い」くらいでは話にならないということである。

情報が溢《あふ》れているから、**人は「良い物」ではなく、「最高の物」を望む。**

そして、それが簡単に手に入る時代でもあるのだ。

お客様は、全世界の商品をすぐに検索できる。

企業は、世界で最も優秀で、最も安く作業してくれる従業員を探し出せる。

伴侶になってくれる人と、全国、いや全世界の中から知り合えるし、簡単にコミュニケーションがはかれる。

そして、その実に多くのオプションの中から、自分が最高だと思うものを選ぶ。


この状況は、いいとか、悪いとかを言っているのではない。

ただ、時代の特徴はそうなっているということである。


そこで、不思議な現象が起こる。

それは、「一人勝ちの経済」という現象なのだ。


最も優れた商品を製造しているメーカーが、世界の市場に君臨する。

最も優れた従業員が、とてつもなく高額な報酬を受け取ることができる。

一番か二番でなければ、敗北というほかかない。


超格差社会といってしまえば、それまでであるが、われわれが直面する現実はそうなっているのではないだろうか。

そんな時代にあって、どのように生きればいいのだろうか？
それは熱意をもつしかない。
自分の本当の道を歩むしかないのだと思う。

自分の道を歩めば成功の扉はひらかれる

先日、機会があって、ラスベガスに旅行した。

そこで、シルク・ドゥ・ソレイユのパフォーマンスを観ることができた。動物を使わず、曲芸、軽業《かるわざ》、ジャグリング、力業《ちからわざ》、道化、空中ブランコを通じて、人間の能力をアートとして演じている。

感動という言葉だけでは、言い尽くせないものがある。

これは、ギー・ラリベルテというカナダの一大道芸人が、熱意をもち、サーカスという、世界から姿を消そうとしていた業界に新しい息を吹き込み、新サーカスとして作り上げた傑作だ。

そして、その劇団が年間９００億円の売り上げを計上している！

それはたったひとりの最高の熱意の産物なのである。


同じラスベガスで、ジョエル・ロブションの経営するレストランで食事する機会を得た。ロブションの料理に対する熱意が、パリ、ボルドー、ロンドン、モナコ、シンガポール、バンコク、香港、台北、東京などで12ものレストランを生み出し、合わせると28ものミシュランの星を獲得し、毎晩数知れずの感動をお客様に届けている。

多くのレストラン経営者がストレスのあまり心筋梗塞を起こす様子を目にして、ロブションは50歳で一度引退を試みたが、引退することの方がやはりストレスだった。

これこそ熱意なのだろう。


商売は芸術のレベルまで発達しないといけない。

商品、サービス、顧客に情熱を注ぎ込むからこそ、新しいアイディアもわいてくるし、問題解決策も浮かぶし、最後はこの熱意が相手に伝わる。

顧客は結局のところ、商品やサービスを求めているのではない。
気持ちの変化を求めている。

退屈な気持ちから解放されたい。
寂しさから解放されたい。
虚《むな》しさから解放されたい。

そして、あなたは、その人の望む気持ちを届ける天使になる。

それはすべて、あなたの熱意から流れ出る自然の結果であるのだ。

人間関係も同じだと思う。
彼氏や彼女に対して、どのくらいの熱意を示しているだろうか？
マンネリ化した日々を送っていないだろうか？
素っ気なく接しているということはないだろうか？

結婚生活はどうだろうか？

今でも、昔と同じだけの情熱をそこに注ぎ込んでいるだろうか？
そこにいてくれて当たり前だという態度をとっていることはないだろうか？

子供に対してはどうだろうか。
いやがらず、面倒くさく思わず、一緒に過ごせる時間を大切に思い、精一杯の熱意で一緒に遊んだり、勉強したり、バカンスを楽しんだりしているだろうか？

あなたの熱意は何だろうか。
あなたに与えられたかけがえのない道は何だろうか。

その道を素直に歩むときは、成功の扉がひらかれて、数多くの障害を乗り越え、周囲の人たちの心をひらき、社会からの後押しを引き寄せるに違いない……。

◆熱意をもつということは、自分の中に神が宿るという意味である。

◆いつも、「あと少しだよ！」と答えればいいのだ。

◆天の窓がひらかれて、その恵みが注がれるのは、熱意をもつ人の上である。

◆一番か二番でなければ敗北する時代には、熱意だけが頼りである。

苦難を受け入れよう！

逆境――それはその人に与えられた尊い試練であり、この境涯《きょうがい》に鍛えられてきた人は、まことに強靭《きょうじん》である。古来、偉大なる人は、逆境にもまれながらも、不屈の精神で生き抜いた経験を数多くもっている。

逆境は尊い。しかしまた、順境も尊い。要は、逆境であれ、順境であれ、その与えられた境涯に素直に生きることである。謙虚の心を忘れぬことである。

素直さを失ったとき、逆境は卑屈《ひくつ》を生み、順境は自惚《うぬぼ》れを生む。

松下幸之助（『道をひらく』より編集）

困難を避けるための人生？

本書を手に取った瞬間から、あなたは心をひらき始めていることだろう。

そして、心をひらく大切さについて、考え始めていることだろう。

心をひらくということは、素直になるということだ。

素直になれば、道がひらかれる。

自分自身を愛せるようになるし、自分の可能性を肯定するようになる。

周りの人たちに対してオープンになり、理想の関係が築ける。

恥ずかしがらずに、愛を示すことができるし、言葉で伝えることもできる。

大きな目標を打ち出せるし、それを公に宣言もできる。

人の話に耳を傾けて、その良いところを受け入れられる。

自分の今までのあり方の非を認め、「改善は永遠なり！」という精神で、行動を改めることもできる。

そして、何よりも、自分を導いてくれる心の声に素直に聞き従い、自分の人生における使命を全うすることができる。

つまり、素直な心をもてば、成功するのに必要な「あり方」と「やり方」の双方が自然に身につくということである。

心をとじてしまえばどうなるだろうか？
何もできない。

努力が生まれない。
人との関係を築けない。
愛を示すことができない。
目標を打ち出せない。
新しい学びを得ることができない。
改善ができない。
そして、何よりも、自分を導いてくれる内なる声を聞くことができなくなる。

心をひらかない限り、何ひとつ成功はできないのではないか。

そこで、考えてみよう。
これほど簡単なことであれば、なぜ人はだれしも自分の心をひらき、幸せと成功への道を歩まないのだろうか。

その答えは簡単である。

多くの人が心をとざし、周囲の人たちを遮断《しゃだん》し、素直になれない理由というのは、困難な状況に遭遇《そうぐう》し、それに感《かま》けてしまっているからである。

周りの人の行動、彼氏・彼女の態度、学歴の有無、自分の年齢や性別、景気、自然災害、病気、幼少の頃の悪い体験、上司のやっていること、部下のやっていること、夫や妻のやっていること、今日の天気、自分の外にあるありとあらゆることが心をとざす理由になってしまう。

つまり、これらの状況を材料にして、言い訳をつくる……。

あなたの言い訳は何だろうか。
今まで、心をとざすために語ってきたストーリーは何だろうか。
あなたの人生において経験している苦境は何だろうか。

言い訳をつくりたくなる気持ちも分かる。

困難や苦境に負けたくなるのも分かる。
逃げたくなるのも分かる。

しかし、**人生は、そもそも困難を避けるためにあるものだろうか？**

学校に通い、受験勉強をし、就職し、毎日指示待ち族で言われた通りのことだけをこなし、定年退職をし、おざなりに人生を過ごし、最期になって振り返り、「よし、事はなかった！」。それが人生の本当の目的なのだろうか？

無論、そうではない！

多くのことを経験し、成長し、困難を乗り越えて、他人との関係を築き、より素晴らしい人間になるために生きているはずである。

苦境を吉に変える

松下幸之助は和歌山の裕福な家庭に生まれた。

しかし、小学校4年生のとき、お父さんが米相場に失敗し、大阪の船場《せんば》にあった宮田火鉢店に丁稚奉公《でっちぼうこう》に出された。

奉公先を得たものの、入って3カ月で、その店が廃業。

それから、親方から紹介されて、五代自転車商会という店に移った。

人生の中で、松下幸之助は数多くの苦難にあうことになった。

お父さんの失敗、学校の中退、とても虚弱で生涯を通じて多くの病を患ったこと、戦後GHQ（連合国軍最高司令官総司令部）から公職追放されたり、熱海で開催された販売会社や代理店の経営者たちとの会議（通称：熱海会談）において、69歳という老齢にもかかわらず3日間立ったまま松下電器に対する非難苦情を受けたりしたこと、あげ始めればキリがない。

しかし、それに屈することはなかった。

実をいうと、この苦難を受け入れることは、お父さんのひと言から学んでいたのである。

11歳のとき、お姉さんが大阪貯金局の事務員になった。そこで給仕の募集があった。

お母さんは、「幸之助も小学校を出なくては、先で読み書きに不自由するだろうから、この際、給仕をして夜間は近くの学校へでも行ってはどうか」と勧めてくれた。母の当然の心であるが、苦労を避けて通れる道を息子のために探していた。

お父さんはそれに対して、次のように反論した。

「お母さんから、〝おまえの奉公をやめさせて、給仕に出し、夜は学校に通わせては〟という話を聞いたが、わしは反対じゃ。奉公を続けて、やがて商売をもって身を立てよ。それがおまえのためやと思うから、志を変えず、奉公を続けなさい。今日《こんにち》、手紙一本よう書かん人でも、立派に商売をし、多くの人を使っている例がたくさんあることを、お父さんは知っている。商売で成功すれば、立派な人を雇うこともできるのだから、決して奉公をやめてはいけない」

お父さんの言葉を聞いて、**苦難を避けず、苦境を吉に変えることを考えるようになった。**

そうした教訓が松下幸之助の人生の折々に活かされることになった。

たとえば、先に述べた熱海会談のとき。これは東京オリンピック後の不況の気配をいち早く感じとり、松下幸之助みずからが販売会社や代理店の社長たちを招いて行なった会議だった。

不況の苦しみを訴えるお得意先の社長たちから3日間、ときには罵詈雑言《ばりぞうごん》をも浴び続けた。そこから逃げもせず、69歳の老齢でありながら、立ったままそれを受け入れた。

そして最後は、その苦境を吉に変える。

「皆さん方が言われる不平・不満は一面もっともだと思います。よくよく考えてみますと、結局は松下電器が悪かったのです。この一語に尽きます。皆さん方に対するお世話の仕方が不十分でした。不況なら不況で、それをうまく切り抜ける道はあったはずです。それができなかったのは、松下電器の落ち度です。本当に申し訳ありません。

今、私はふと昔のことを思い出しました。昔、松下電器で電球をつくり、売りに行ったときのことです。『今はまだ幕下でも、将来はきっと横綱になってみせます。どうかこの電球を買ってください』。私はこうお願いして売って歩きました。

皆さんは、『きみがそこまで決意して言うなら、売ってあげよう』と言って、大いに売ってくださいました。そのおかげで、松下電器の電球は一足飛びに横綱になり、会社も盛大になりました。

そういうことを考えるにつけ、今日、こうして松下電器があるのは、本当に皆さんのおかげです。私どもはひと言も文句を言える義理ではないのです。これからは心を入れ替えて出直します」

涙ぐみながら、壇上で言葉を失った。

そして、気がつくと、あれほど罵詈雑言を止まることなく浴びせ続けていた販売会社や代理店の社長が皆しんとして、半分以上がハンカチで目を拭いていたのだった。

人生最大の困難に直面している真っ最中に、みんなの心をひらいたのである。

困難こそ起爆剤だ！

人生の中に、価値あるもので容易《たやす》いものはひとつもない。

少しでも考えれば、この真実をすぐに確認できるだろう。

「今日、ベッドから起き上がれた」というだけで、「やった！」という達成感を得られるだろうか。

もし、今までに大きな事故にあったり、闘病したりして、大きな試練を乗り越えて、やっとベッドから立ち上がれたというのであれば、大いに達成感を味わい、喜びもし、そのことを周りに自慢したくもなる。

しかし、何の苦もなく起き上がったというのであれば、そのことに達成感も喜びも見出せないだろう。

フルマラソンを完走する。
鉄人レースを走る。
大学や大学院を卒業する。
国家資格を取得する。
最愛の伴侶と結婚する。
子供を育てる。
顧客の喜ぶ商品をつくる。

大きな会社を築き上げる。
重大な病気を乗り越える。
大きなトラウマを克服する。

このいずれも、**むずかしいことだからこそ、意味と意義があるのではないだろうか。**

私の友人のひとりが、初めてホノルル・マラソンを完走したときのことをよく思い出す。完走時間は、13時間30分だった。

トップの選手たちは2時間台でゴールするし、普通に歩いていても8時間弱で完走できるので、他人からすれば、なんと遅いタイムなのだろうとすぐに考えがちである。

しかし、そのちょうど1年前に、彼は帰宅の途中で、バイク事故にあい、足の骨がすべて木《こ》っ端《ぱ》微塵《みじん》になってしまった。命は取り留めたものの、二度と歩けないかもしれないと言われるほどだった。

だから、自力でゴールラインを越えたとき、2時間台で走る選手たちよりも感動がはるかに大きかった。

自分の直面している困難な状況を受け入れて、それを吉に変える方法を考えることは、何よりも素直で、ひらかれた心の表れだろう。

素直でなければ、少しでもむずかしい現実に遭遇したとき、神をののしり、天に向かって唾《つば》を吐く。しかし、そののしりも唾《つばき》も結局自分の頭に降りかかるまでのことだ。

逆に、その困難――どんなに大変なことであれ――それを素直に受け入れて、勇敢に立ち向かっていけば、それは自分を成長させてくれる起爆剤になり、人生に欠かすことのできない貴重な経験になる。

キリスト教の経典の中に次のように書いてある。

「信仰が試されてからでないと、何の奇跡も与えられない」

まさにその通りだと思う。

プロボクシングの世界チャンピオンだったモハメド・アリはこう表現した。

「腹筋の回数を数えていない。痛くなってから、初めて数え出す。効果が出るのは、それからなのだ」

「所詮《しょせん》こんなものさ」と言ってみよう

最近、縁あって、アメリカ軍の特殊部隊を研究する機会が与えられた。

そこで、とても興味深いことを教わった。

アメリカ海軍特殊部隊にあたる「ネイビーシールズ」という精鋭部隊があるが、そのメンバーのひとりが次のように言ってくれた。

「おれたちがバーに入ると、みんながこっちを見る。女性たちは、みんな目をハートにしてこっちを見る。男性たちは、みんな『ああなりたいな』という目で、うらやましそうにこっちを見る。

それはすべて、おれたちが最低の状況を乗り越えているからだ。訓練も最低。実戦も最低。そういう計り知れない困苦を克服してここに立っているからこそ、おれたちは格好いいのだ」

なるほどと思った。

彼らは、このことを指して、ある言葉を打ち出している。「Suck Factor（最低指数）」というものだ。

何かしらの訓練や実戦での行動を求められるとき、そのことの最低指数を頭の中で計算する。そして、最低であればあるほどに、〝いいね！〟と考える。それを乗り越えることは、それだけ大きな自分になれると分かっているからである。

ネイビーシールズの基礎訓練は「Basic Underwater Demolition Seal Training（BUDS）＝基礎水中爆破シール訓練」というコースであるが、このコースは決意と決断を試すためのものになっている。

1週間、累計2時間だけの睡眠で、地獄を超えるような過酷な訓練をさせられる。低体温症を起こすまで海の中で体操をさせられる。延々と丸太を運びながらビーチを走らされる。砂で皮膚がはぎ取られる。寒さで肺炎にもなる。寝不足で幻覚症状も出る。

普通の人間なら、そこで辞める。

しかし、ネイビーシールになれる人というのは、この「辞める」という文字がどうしても頭に浮かばない。

その代わりに何を考えるだろうか？
「It's just BUDS.（基礎訓練って所詮こんなものさ）」と考える。また実戦の場で、ことがむずかしくなったとき、「It's just war.（戦争って所詮こんなものさ）」という一言でその気持ちを片付けるようにしている。

ここで申し上げたい。

「It's just life!（人生はこのためにある！）」

人生は、私たちに多くの経験を与え、成長させてくれるものである。
だからこそ、素晴らしい。

家族も同じだろう。
「It's just love.（人を愛することってこんなものさ）」
家族や恋人との時間は、最高に楽しい、充実したものになっているときもあれば、むずかしい問題にぶつかり、苦心するときもある。だからこそ、お互いに成長し、多くの思い出をつくり、切っても切れない大事な相手になるのではないか。

むずかしい状況をお互いに乗り越える価値があるからこそ〝愛〟というのではないだろうか。

仕事も同じだろう。

「It's just work.（仕事ってこんなものさ）」

楽しいワクワクするような業務もあれば、楽しくない、非常にキツい業務もあるだろう。景気が良く、経営が順風満帆《じゅんぷうまんぱん》のときもあれば、業績が伸び悩み、波瀾万丈《はらんばんじょう》のときもある。

しかし、どの分野でも、プロと呼ばれる人は、それでもうまくやっていかなければならない。

嵐にあったことがないと自慢する船長はいない。どんな嵐にぶち当たっても、それをうまく乗り切ったと自慢する船長がいるのみである。

会社において、どんなにキツい状況に遭遇しても、それを良い機会と捉え、そこから得られる学びに感謝をし、それを吉に変える。
これこそ会社経営の冥利《みょうり》ではないか。

今の困苦を素直に受け入れて、「こんなものさ」と言って、勇敢に立ち向かえば、それは計り知れない成長の機会になり、周りの人たちにインスピレーションと勇気を与え、人の琴《きん》線《せん》に触れ、そして人生の最期になって振り返ったとき、あなたは、「偉大な冒険だったな！」と歓喜の声をあげるに違いない。

最悪の日は最高の日である

結局、人生において、最悪の日は最高の日になる。

その日があったから、成長できた。
その日があったから、人の痛みを理解し、もっと愛することができた。
その日があったから、みんなに認められた。
その日があったから、特別な存在になれた。

その日があったから、あとで語るストーリーができた。

その日があったから、うまくいっているときの喜びとありがたみを知ることができた。

その日があったから、心をひらき、大きな人物になれた。

その日があったから、今の自分がいる。


困難な日なくして、成功はあり得ない！

これを指して、昔から日本では、「難あり、ありがたし」という格言が語り継がれる。

私の人生も多くの困難に恵まれた。


小学校1年生のとき、父が事業に失敗し、夜逃げを余儀なくされた。

11歳のときから、土木作業員として強制労働をさせられた。

親が金銭的に恵まれていないため、大学は苦学となり、結局資金不足で中退することになった。

8年間、貨物列車の線路とパチンコ屋の間に挟まれて、4畳半の部屋で暮らした。

婚約相手に別れを告げられた。

お金がなく、毎月のように電気も電話もとめられ、ついには東京都から水道をとめるという行政命令を出されてしまった。

日本語という、とてもむずかしい言語を勉強することになった。

鉄人レースという競技に出会ってしまった。

大きな会社から安定した給料をもらうことに甘んじるのではなく、自営の道に入った。


そして、これらのおかげで、今日の自分がいる。

これらなくして、私は何にもなっていないのだと思う。

かつて、どんなに大きな試練にあったとしても、今私の心に残っているのは、感謝の気持ちだけである。


人生の最悪の日は、人生の最高の日である。


最低であればあるほど、自分を大きくしてくれる。

人生はこんなものさ。

あなたはそれ以上の存在なのである。


これこそ素直な心の始まりなのではないだろうか。

◆人生は、そもそも困難を避けるためにあるものではない。

◆むずかしいことだからこそ意味と意義がある。

◆困難は自分を成長させてくれる起爆剤になり、貴重な体験になる。

◆人生の最悪の日は、人生の最高の日である。

武蔵に学ぼう！

私は、いわゆる学問らしい学問は、まったくといっていいほどせずに育ちました。満9歳、小学校4年生のときに、大阪の商店で奉公を始めましたから、小学校も途中でやめているのです。もちろん、それは自分でそうしたくてしたのではありません。むしろ、学校へ行きたかったという気持ちは、人一倍強かったように思います。

今でもよく覚えていますが、私が奉公していた店のすぐ向かいの家に、同じぐらいの年の子供がいました。毎朝、店の掃除をしているときに、その子が学生服を着て、「行ってきます」と家を出て行きます。

その姿を本当にうらやましいと思いながら見たものでした。

ですから、できることなら私も学校へ行きたかった。けれども、家の事情がそれを許さなかったのです。

しかし、あとになって考えてみると、そのように学問がしたくてもできなかったことが、かえって自分の役に立ったのではないかという気もしています。

それは、どういうことかというと、独立して事業を始めてから、だんだんと多くの人たちに社員として働いてもらうようになったのですが、そのときに、それら社員の人たちが、みんな自分より偉く思えたのです。

自分は、学問をしておらず、あまりものを知りません。それに反して、社員として会社に勤めてくれる人たちは、みんな学校を出て、学問があり、いろいろな知識をもっています。

となれば、私がそういう社員の人たちを自分より偉いと尊敬するのは当然です。

そこで、おのずと社員の人たちの意見に耳を傾けるようになります。そうすると、社員の人たちも、私のそういう態度に応じて、それぞれにもっている優れた知恵や力を大いに発揮してくれるというわけで、そこには私ひとりの力ではない、全員の総力を集めた、いわゆる衆知というものが生まれてきました。

それが、会社を着実に発展させるひとつの大きな要因になったように思うのです。

松下幸之助（『人生心得帖』より編集）

松下幸之助が最も頻繁《ひんぱん》に使った言葉とは？

松下政経塾において、松下幸之助の講義録を振り返り、どういう言葉を最も頻繁に口にしたのかということが調査された。すると、結果は次の通りだった。

第1位	「素直」	114回
第2位	「国家百年の計」	61回
第3位	「秀吉」	55回
第4位	「武蔵」	51回
第5位	「自修自得」	43回
第6位	「松陰」	36回
第7位	「釈迦」	33回

やはり、「素直」はトップであり、ほかのどの言葉よりも倍近くも口にしている。

政経塾は、政治家育成の場でもあるので、「国家百年の計」が次に多いのもうなずける。

しかし、ここで実に興味深いのは、このトップ7つの言葉のうち、4つも人名になっているということである。

やはり、**心が大事であり、心を教えてくれる人たちのことを常に語っているのである。**

豊臣秀吉は、戦国の世を統一し、国内統制システムをつくったほどのリーダーであるし、吉田松陰となると、明治維新を起こしたリーダーたちの教育者としてその名を遺している。またお釈迦様というのは、当然ながら一大宗教の教祖であり、また神格化されている存在なのである。

そのいずれもリーダーシップを勉強する人間にとって興味深い存在であることはいうまでもないだろう。

しかし、武蔵《むさし》はといえば、戦乱の時代も終わり、江戸初期に活躍した一剣客《けんかく》にすぎない……。

なのに、なぜそんなにここで注目されるのだろうか？

あなたは宮本武蔵の存在をあまり知らないかもしれないし、今まで興味をもったことがない可能性もある。あるいは、正月のテレビドラマなどで描写されているのを目にしたことがある程度なのかもしれない。

ここで、武蔵の存在について、多少なりとも知ってもらい、その中から、素直な心のもち方について、少し勉強していきたいと思う。

松下幸之助が武蔵についてよく言っていたことは、彼には師匠がいない、なのに一角《ひとかど》の人物になっているということである。

小学校を中退した松下幸之助にとって、かけがえのない模範だったのだろう。

あえて師匠をもたない武蔵が「素直」ということについて多くを教えてくれる。

心に宿る戦士、恋人、魔法使い、および王様

現代人が武蔵を知る材料はといえば、吉川英治の小説『宮本武蔵』（小説でありながら、か

なり深い歴史の洞察と、武蔵に関する実に多くの資料の研究に基づいて書かれた名作である）、武蔵みずからが執筆した『五輪書《ごりんのしょ》』、および武蔵が描き遺した自画像の3点が主なものになるだろう。

私は高校生のときに初めて『五輪書』を読んだが、この本は順に、「土」「水」「火」「風」の巻と進み、最後は、「空」の巻で終わりとなっている。

最初はとても象徴的で、分かりにくいものだと思った。

高校生の私には分からなかったが、今になって、最も分かりやすく、しかも大切なことを書いてくれたと思っている。

これはつまり、**人間の４つの元型のことであり、それにその４つを受け入れる空間・スペースを加えたまでのことだ。**

少し説明しておこう。

ユングの流れをくむ心理学によれば、人間の心にはさまざまな元型があるという。その元型と『五輪書』が一致するのだ。すなわち戦士という元型は「火」、恋人は「水」、魔法使いは「風」、王様は「土」という4つの側面に重なる。

戦士＝「火」は、生命力であり、境界線と規律を守るエネルギーである。自分の決めたことを実行に移す力はここから来ている。

恋人＝「水」は、それと反対に、境界線を飛び越えて、他人との関係をつくるエネルギーであり、感じ取る力であり、感性と感受性であり、規格外の動きをし、人生を楽しむ力であるのだ。

魔法使い＝「風」とは、客観性であり、観察力であり、物事の仕組みを理解し、それを応用する力である。

そして、王様＝「土」とは、ビジョンと方向性であり、人生の使命を明確にする力であり、なすことに意味と意義を見出す力であり、他人を認めて、彼らの可能性を発見する力であるのだ。

当然、だれしもこの4つの側面をすべて兼ね備えているし、この力のひとつが欠けているだけで、大きな問題になる。

たとえば、王様のエネルギーが高く、魔法使いの力も健在で、恋人の能力が発達している。しかし、戦士のエネルギーがないとなれば、どうなるだろうか？

この人は大きなビジョンをもち、計画を立て、他人を巻き込もうとはするが、実行力が伴わないから、人はついてこないし、絵に描《か》いた餅《もち》で終わってしまう。

または、王様のエネルギーが強く、魔法使いも磨かれていて、戦士の力を身につけている人でも、恋人の側面を欠いていればどうなるだろうか？

この人もやはり大きなビジョンを描き、その達成のプロセスをよく分析し、精一杯実行に移す努力はするが、他人を巻き込むこともできないし、人の協力を得られない。

また、目標を達成することがあっても、それを共有してくれる人がいないから、結局のところは、虚《むな》しくなる一方である。

まず幸福を受け入れるスペースをつくれ

『五輪書』は、この4つの側面の必要性を説明しているまでのことである。
しかし、その最後に「空《くう》」を加えたのは、さすが武蔵である！

「空」はまさしくスペースのことだ。間《ま》なのだ。
この間がない人というのは、「間抜け」というほかない。

多くの若者の相談を受ける。その中にはたとえば、早く結婚したいと言う人がいる。
しかし、その人の生活をみつめてみると、相手が入ってくる隙間がない。
時間もなければ、自分の考え方や価値観を相手に合わせる余裕もない。

大金持ちになりたいという相談を受けることもある。
しかし、その人の生活をみつめてみると、富が入ってくる隙間がない。
今の仕事で忙しすぎて、新しい事業を始めることができないのだ。
今まで計画してきた商品の開発で頭がいっぱいで、顧客の声を聞くゆとりもない。

健康になりたいという相談もよく受ける。

しかし、その人の生活をみつめてみると、やはりここでまた、健康が入ってくる隙間がない。

どういう食べ物が好きだとか嫌いだとかをもう決めてしまっているし、運動のことについても分かったつもりになっているし、新しい食生活や運動方法を教えてあげても、頭に入ってはこない。

まずスペースをつくってからでないと、何も進んでいかないのではないだろうか。

昔から、禅宗《ぜんしゅう》に、こういう講話がある。

あるお坊さんのところに若者がやって来て、「悟りをひらくことができるように教えてほしい」と言い出した。

するとお坊さんは、何も言わずに、茶碗を取り出して、お茶を注ぎ始めた。

しかし、茶碗がいっぱいになっても、そのお坊さんはお茶を注ぎ続けて、お茶をテーブルの上にこぼしてしまった。

若者はそれを見て、必死に止めようとした。

「おい！　おい！　お茶がこぼれているぞ。もういっぱいだよ！」

お坊さんは、微笑《ほほえ》んで答えた。

「おまえと一緒だ。頭はもう知識と概念でいっぱいで、何も教えられない……」

「自分ばかりしゃべってはったな」

松下幸之助も経営において同じことを指摘している。

元九州松下電器最高顧問の青沼博二《ひろじ》が次のように回顧している。

昭和36年の秋に、お客様を招待して、小料理屋で会食をしていたときのこと。6時過ぎから始めて、もう8時半頃になり、かなりお酒が入って赤くなっていました。

突然、電話がかかってまいりました。松下相談役が東京を飛行機で出発したけれども、大阪空港天候不良につき、目下福岡に向かいつつあるということでした。

これは大変だということで、お客様に事情を申し上げて、きゅうきょ福岡空港へかけつけたのです。

しかし、ときすでに遅く、もう飛行機が着いていて、相談役は、福岡で唯一のホテルである帝国ホテルへ向かわれたあとでした。それで、ホテルへ行きました。

「誠にすみませんでした。しかじかの用で、お迎えもできませず」と申し上げると、「いやいや、結構だ。さて、明日だが、せっかくこうして福岡へ来たのだから、いっぺんあなたの会社を見せてもらおう」と言われました。

これは願ってもないことです。

「では、ひとつ明日ぜひお願いいたします」ということになったのです。

翌日、会社へご案内して、いろいろ見ていただいたり、ご指示を仰いだりしました。

終わってから、「ちょっと見に行きたいところがある。そこを訪ねようか」と言い出されました。そこは、グループと関係している工場だったのです。

その工場も30分ほど視察して、そこの社長と10分間くらいお話しになって、帰りました。

車の中で、相談役が、

「青沼君、あそこの会社の運営はあまりうまくいっていないな」と、突然こう言われました。

「はあ、うまくいってないように思います。どうしてそれがお分かりになりましたか?」

「まあ、工場を一見したら分かるよ。それがひとつ。それからふたつ目は、あそこの社長さんはせっかく私が訪問しているのに、何かを聞こうという態度にちょっと欠けていたな。自分ばかりしゃべってはったな」と。

人の話を聞かない姿勢を見るだけで、経営がダメだと判断したのである。

自分の話と自分の仕事でいっぱいいっぱいで、新しいことが入ってくるスペースがなかったのだ。

それでは、うまくいっているはずがない。

流儀をもたないという生き方

武蔵があえて師匠をもたなかったのは、この「空」あるいは「スペース」というものを保つためだった。

師匠をもつと、流派ができる。

流派ができてしまえば、規則ができる。

規則ができてしまえば、やっていいことと、やってはいけないことが決まる。

やっていいこととやってはいけないことができれば、それに合わない話は耳に入らない。

話が耳に入らないとなれば、学べなくなる。

学べなくなれば、本当の名人にはなれない。


吉川英治の素晴らしさは、これをしっかりとくみ取って、武蔵の人生を小説にまとめたということなのではないかと思う。


武蔵は、山、原、森、雨を師匠とし、出会うすべての人から学ぶ。

そこに４つの元型がしっかりと登場している。

敗北は勝利より尊い

私が学生たちによく言った言葉は、**「勝ち試合を見ないで、負け試合を見よ！」**ということだった。

武蔵は、戦士としてピカ一の存在なのである。

だから剣の上では負けない。

つまり、戦士のエネルギーは、だれよりも発達しているし、やはり強い。

しかしそれでも、人生の中で、負け試合を3回経験している。

最初の負け試合は、沢庵和尚《たくあんおしょう》との対決である。これは剣術の試合ではない。暴れ者の武蔵を捕縛《ほばく》してほしいとの要望を受け、沢庵が策をもって武蔵をおびき出す。沢庵はお坊さんであるが、魔法使いのエネルギーの象徴であり、武蔵はその巧みな話術に負けてしまい、気がついたら、千年杉の幹に括《くく》られてしまっていたのである。

次の負け試合は、恋人のエネルギー、生活の達人の本阿弥光悦《ほんあみこうえつ》であった。

果たし合いの帰り道、野原で荒茶《あらちゃ》を煎《せん》じて、母と一緒に飲んでいる光悦と出会い、武蔵はその席に呼ばれる。

しかし、光悦とその母の垢《あか》抜けした姿の横にあっては、自分は野人でしかない。どのように座ればいいのか、どうお茶を飲めばいいのかすら分からない。

完全なる敗北であった。


そして、最後の負け試合は、大殿と呼ばれた柳生石舟斎《やぎゅうせきしゅうさい》との出会いであった。

柳生流は今でも残っているほど、この人は剣術の達人ではあったが、もともと戦士ではなく、領土の主であり、お殿様であった。

つまり、王様のエネルギーの象徴になる。


武蔵は、城内にかけ込み、茶人として隠居生活を送っている石舟斎の草庵《そうあん》の前まで到着できたのはいいが、そこにかかっている表札の文字を読んだだけで敗北してしまった。

戦士と王様とでは、ひらきがあまりにも大きすぎる。そもそも勝負しようとする発想自体が間違っていたということを悟った。


そして、これらの負け試合から、武蔵は多くを学び、人間としての深みを増していく。


人生の敗北は勝利よりも多くのことを教えてくれるのではないだろうか。

素直な心をもてば、その敗北は嫌な経験ではなく、貴重な経験になるはずである。

その教訓を受け入れるスペース、心のゆとりをもつことにしよう！

万物すべてわが師とせよ

私も人生を振り返ると、敗北ばかりを感謝している。

婚約破棄という敗北から、人の話を聞くことを学んだ。
事業の失敗という敗北から、立ち直ることと自分の使命を貫《つらぬ》くことを学んだ。
自転車の正面衝突事故という敗北から、健康の大切さや人のありがたみを学んだ。

素直にさえなれば、人生に敗北はない。学習する機会があるのみである。

武蔵は、自分と違う力をもつ人、何かしらの分野において自分よりも上手《うわて》の人、他流を追究する者、鎖鎌《くさりがま》や杖《じょう》など別の武器で戦う者、自然界、敵でさえ、周りのありとあらゆるものをわが師と呼び、そこから得られるものを習得し、体得し、自分の一部としていった。
それこそ名人・達人の所以《ゆえん》である。

つまり、師匠をもたないということは、すべてのものを師匠にするということである。


だれからも学べるものがある。

それが入ってくる隙間さえ用意しておけば……。


松下幸之助は、このことを『道をひらく』の中で次のように表現している。


「自分ひとりの頭で考え、自分ひとりの知恵で生みだしたと思っていても、本当はすべてこれ他から教わったものである。

教わらずして、学ばずして、人は何ひとつ考えられるものではない。幼児は親から、生徒は先生から、後輩は先輩から。そうした今までの数多くの学びの上に立ってこその自分の考えなのである。自分の知恵なのである。だから、良き考え、良き知恵を生み出す人は、同時にまた必ず良き学びの人であるといえよう。

学ぶ心さえあれば、万物すべてこれわが師である。

語らぬ木石《ぼくせき》、流れる雲、無心の幼児、先輩の厳しい叱責《しっせき》、後輩の純情な忠言、つまりはこの広い宇宙、この人間の長い歴史、どんなに小さいことにでも、どんなに古いことにでも、人間の尊い知恵と体験がにじんでいるのである。

これらのすべてに学びたい。どんなことからも、どんな人からも、謙虚に素直に学びたい。すべてに学ぶ心があって初めて、新しい知恵も生まれてくる。良き知恵も生まれてくる。

学ぶ心が繁栄へのまず第一歩なのである」

トップは孤独、だからいい！

経営者を指導するときも、このことの大切さをつくづく思い知らされる。

経営者・組織のトップは孤独だとよく言われる。

確かにそういう一面もあるだろう。

指示を仰ぐ相手がいなくて、最終的にすべての責任は自分に降りかかるからである。

つまり、師匠・導き手になってくれる人がいない。

しかし、別の観点から見れば、**トップにいるということは、すべてを師匠と呼ぶ自由があるということでもある。**

お客様の声、従業員の意見、仕入れ先や販売先のアイディア、競合相手の行動、自分の伴侶や子供、そのすべての声に耳を傾けて、謙虚な姿勢で、学ぶべきことを学び、実行すべきことを実行していく。

社長は、少し頭が悪い方がいいとさえ思う。

頭が良すぎると、すべてを自分でしようとする。

しかし、自分の発想だけでは不十分だという謙虚さをもてば、そこで衆知の経営が可能になり、意外とそれですべてがうまくいく。

子供を育てるときも同じだろう。

親は子供に教えることも多いが、子供から学ぶことも多い。

第一、子供の学校の宿題を全部できる親はまずいないはずである!

一度、頭を空っぽにしよう。

無の境地になろう。

そうすれば、素直になり、人の話が聞けるだろう。
人生経験のひとつひとつが教えてくれる教訓も学べるだろう。
そして、剣・商売・人間関係・人生の達人になれるに違いない。

◆武蔵には師匠がいないことが、松下幸之助の模範になった。
◆まず「スペース」をつくってからでないと、何も進んでいかない。
◆素直な心をもてば、敗北は嫌な経験ではなく、貴重な経験になるはずである。
◆師匠をもたないということは、すべてのものを師匠にできるということである。
◆一度、頭を空っぽにしよう。無の境地になろう。

雨が降ったら傘をさそう！

雨が降れば、人はなにげなく、傘をひらく。

この自然な心の働きに、その素直さに、私たちは日頃、あまり気づいてはいない。

だが、この素直な心、自然な心の中にこそ、物事のありのままの姿、真実をつかむ偉大な力があることを学びたい。

何ものにもとらわれない伸びやかな心で、この世の姿と自分の仕事を顧《かえり》みるとき、人間としてなすべきこと、国としてとるべき道がそこにおのずから明らかになるであろう。

松下幸之助（『道をひらく』より編集）

石が池に沈むように

昔から、こういう格言がある。

「悟りの前に、薪《まき》を切り、水を運べ。
悟りの後に、薪を切り、水を運べ」

雨が降ったら、傘をさす。
お腹が空いたら、食事をとる。
のどが渇いたら、水を飲む。
疲れたら、寝る。
朝になったら、起きる。
お客様が怒ったら、謝って、改善をする。
分からないことがあれば、分かる人に聞く。

自然体であるということは、なんと素晴らしいことなのだろう！

松下幸之助の行動は自然体であり、分かりやすくて、かつとてもシンプル。

素直に、そこで必要な行動をとるというだけである。

元松下電器産業副社長の安川洋《よう》は、次の出来事を思い出す。

私がまだ新入社員の頃、広報誌の仕事で松下幸之助社長と接していたとき、こういうことをおっしゃいました。

「安川君、ぼくは最近いろいろな会合へ出席を求められたりすることも多くなってきた。そういう会場で話を聞いているときに、ときどき分からない言葉がある。ぼくは、小学校もまともに出ていないという状態でこの商売に入ったので、日本語化された外国語が分からないことがある。前後の流れでだいたい分かることもあるが、ちょっと分からないときもある。だから、きみがひとつ最近日本語化された外国語を全部拾い出して、それはどういう意味かを書いて、ぼくに持って来てくれ」

こんなことはなかなか言えることではないと思うのです。

本当にそのとき私は、なんて素晴らしい人だと思いました！　ぼくはもう給料もタダでもいいと思うほど、感激したのです。

分からないことを分かる人に聞いたといえば、それまでの話であるが、それができる素直な心をもつことには、すごい力があるではないか。

そして、それができると、石が自然に池の底まで沈むのと同じように、人生の課題をすらすらとこなしていける。

子供たちに必要なパスポート

前述したように、何年にもわたり、子供たちを東京ディズニーランドに連れて行くイベントを開催していたが、そこで彼らにこの素直な心を植え付けるように仕向けていた。

1日中園内で遊んでから、近くのホテルのボールルームなどを借り切って、子供たちに講演している。これは1年の中で最も気を使う講演であり、最もむずかしいものだと思う。

なぜなら、子供の年齢は6歳から18歳までの幅があり、そもそも大人を信頼すると裏切られるという経験を多くもっているからである。

しかし、この素直な心の話だけは必ずみんなに伝わる。

その場で、何を話すかといえば、実に簡単な話である。

「できないと言うな。できないと言ったら、これはウソになる。ウソは良くない。まだやっていないのだから、できないかどうかは分からない。まだやったことがないと言えば、問題にはならない。単なる事実。あるいは、やり方が分からないと言っても良い。やり方が分からないと言ったら、だれも文句をつけることはできない。分からないことは分からないから、それでいい。しかし、やり方が分からないとき、そこで自然に出てくる言葉があるはずだ。それは何だろうか？」

すると、子供はみんな叫んで答える。

「やり方を教えてください！」

やはり、素直に考えると、だれにでも分かる話である。

「そう、先生とか、コーチとか、友達とか、分かる人、できる人を探して、その人に聞く。

やり方を教えてください。すると、ちゃんと教えてくれる。そうしたら、やり方が分かるから、できるようになる」

それから、次の話をしていく。

「今日、東京ディズニーランドで遊んで、楽しかったよね。そこで遊ぶために必要なものがあったけれど、それは何だったかね？」

「パスポートだ！」と叫び声がまた返ってくる。

「そう、パスポートが必要だ。**人生にもパスポートが必要だよ。**それぞれの素敵な場所に入るために、必要になる。たとえば、素敵な会社で働くために、大学卒業証書というパスポートが必要になることが多い。だから、そういうところで働いて、裕福になりたいと思うのであれば、そのために今日から計画しないといけない。でも、もっと大切なパスポートもある。それは、友達だよ。友達がもっとほしい人？」

全員が手をあげる。

「そう、みんな友達がほしい。だから、友達はとてもつくりやすい。友達がほしいと思っている人の友達になってあげればいい。そして、みんな友達がほしいから、みんなの友達になれる。そこで、大事なことは、その人のために何ができるのかをいつも考えることだ。みんなのためにいろいろやってあげると、その人たちも自分のためにいろいろやりたくなるし、みんなで楽しくなる」

雨が降っている日に傘をさすのと同じぐらい簡単な話である。だから、みんながそれを受け取って、もって帰ってくれる。

トラウマは素直でないから生まれる

私の師匠のひとり、心身統一合氣道の宗主藤平光一《とうへいこういち》も松下幸之助の教えに重なる人である。彼の場合、この素直な心を「リラックス」という言葉で表現していた。

やる気のない、だらしない、動きがとれない「ダラックス」ではなく、イキイキとした、自然体の「リラックス」である。

つまり、どこにも無理がない、力《りき》んではいない、不安もなく、心配もなく、恐怖心もなく、どうすればいいのか分からないという気持ちもなく、素直に自分の道を歩んでいるということである。

素直になれない人の多くは、過去の出来事をトラウマにしている。
人生最悪の映像を何回でも頭という映画館の中で再上映してしまう。
ひとつの痛みを再三再四感じてしまい、自分で傷を深めるのである。

または、将来の不安に時間を浪費する人も多く見られる。

「こういう悪いことが起こるのじゃないか」
「うまくいかないのじゃないか」
「周りがこういう反応を示すのじゃないか」

そして、ムダな力が入り、緊張し、高血圧を起こし、断られる前からあきらめてしまい、うまくいくであろうというプロジェクトも最初からスタートしない。

しかし、そうある必要はない。

「ここにいる」技とは

ここで聖人君子について、いささか考えておきたい。

聖人君子は、なぜ聖人君子なのだろうか？

それは、**「ここにいる」という技を身につけているからである。**

「ここ」とは、いったいどこのことをいうのだろうか？

私の父親は、物理学者であった。

だから、幼少の頃から、物理の世界に触れる機会が多くあった。

物理学において、**「ここ」とは、四次元の概念なのである。**

X軸、Y軸、Z軸はすぐ思い浮かぶだろう。

地図にたとえていうならば、X軸は左右の位置。Y軸は縦の位置。そして、Z軸は奥行きの位置を表す。

しかし、これだけでは、「ここ」という場所を定義することはできない。
T軸もあるではないか！
つまり、時間も勘案しなければならない。

物理学では、「ここ」というのは、時空の連続体における位置なのである。
同じ場所だと思っていても、昨日と今日と明日とでは、まったく違う。

そこで、あなたに聞きたい。
「ここ」にいながら、怒りや憎しみを覚えることができるだろうか？

絶対にできない。
怒りや憎しみを覚えるためには、過去に戻らなければならない。

「あのとき、あの人はこういうことをしたよね、ああいうことをしたよね」

また、聞こう。

「ここ」にいながら、恐怖や不安を抱くことができるだろうか？

絶対にできない。

恐怖や不安を抱くためには、将来に旅しなければならない。

「きっと、明日、来週、来年、こういう悪いことが起こるだろう、ああいう悪いことが起こるだろう」

現実の世界には、過去に行ったり、将来に旅したりするタイムマシンは存在しないが、頭の中にはある。いつでも、一瞬にして飛んで行けるというわけだ。

そして、現実に、「ここ」に起きていないことを頭の中で思い描くから、一種の幻覚を見ているというほかない。

怒り、憎しみ、憎悪、嫉妬、妬み、恐怖、不安、これらはすべて頭の中で思い描く幻覚・錯覚なのであり、自分で作り上げているひとつの精神病といえる。

聖人君子というのは、その幻覚を見ない人である。
素直に、「ここ」にいる。
「ここ」で起きていることを見て、聞いて、感じて、嗅《か》いで、味わっている。

昨日はどうだったか？
先週はどうだったか？
子供の頃はどうだったか？
それを考えていない。

明日はどうなのか？
来週はどうなのか？
来年はどうなのか？
それも心配していない。

今に集中している。

目の前にいる人の話を聞いている。
今食べている食べ物を味わっている。
ここに流れている音楽を聞き、ここに漂《ただよ》うバラの香りを嗅いでいる。
だから自然体でいられる。
「ここ」で、この状況において必要な行動をとればいい。
過去にどんなに悪いことがあったとしても、今自分のとるべき行動をとるしかない。
将来、どんなことが起ころうとも、そのときにとるべき行動をとるしかない。
それ以上は、だれにもできないのである。

すべきことをする。
自然体で。

雨が降ったら、傘をさす。

お腹が空いたら、食事をとる。
のどが渇いたら、水を飲む。
疲れたら、寝る。
朝になったら、起きる。
お客様が怒ったら、謝って、改善をする。
分からないことがあれば、分かる人に聞く。

自分をだます必要はないのだ

会社の経営をしていても同じである。

経営者はとかく物事をむずかしく考え、必要以上に複雑にする傾向がある。

しかし、そうする必要はない。問題解決は、シンプルな方がいい。シンプルだからこそ、実行の段階でうまくいく。ほかの人も理解できる。管理もできる。

複雑になると、うまく実行できないことが多い。ミスが発生する。管理にはならない。

売り上げが減ったら、お客様の要望に応える新商品を開発し、営業をする。

部下にミスが出れば、教育し、再発防止のシステムをつくる。


それ以上のことはない。


家族においても同じである。

子供が悪いことをすれば、その結果について教えて、行動を正せばいい。夫婦の話がこじれてしまえば、お互いの話を聞き、一緒に問題解決をはかればいい。

そして、常に愛と思いやりで接し続ければいい。


それ以上のことはない。


インドに、あるヨガの行者《ぎょうじゃ》が生活していた。

何が起きても、彼の気持ちは乱れない。

常に平常心のままでいた。

そんなある日、弟子のひとりが彼に尋ねた。

「What is your secret ?（あなたの秘訣は何ですか？）」

彼が笑いながら答えた。

「I don't mind what happens.（起きたことを気にとめない）」

ヒンズー教では、「Mind is maya.（マインドはイリュージョンである）」と言われる。マインドは、過去に行ったり、将来に旅したり、ありとあらゆる悪いストーリーを作り出す。そして、私たちはそのイリュージョン、自分の頭の中で作り上げたストーリーが本当のことだと思い込み、それにだまされて、道を誤ってしまう。

イエス・キリストが弟子たちに向かって同じことを詩人にもまさる言葉で表現した。

「空の鳥を思いみよう。種まきをせず、刈り取りもせず、蔵に納めることもない。にもかかわらず、天の御父が、彼らに餌を与える。野原の百合《ゆり》を思いみよう。労することもなく、紡《つむ》ぎもしない。しかし、ソロモン王が最も栄えていたときでさえ、彼の身の装いはこの一輪にもかなわなかった」

自然体なのである。

お釈迦様の中道もまたしかり。
無理をせずに、自然体でいることへの誘い以外の何ものでもない。

「ここ」にいよう。
計画する時間よりも、実行する時間を大事にしよう。
必要なことは何かを考え、素直にそれをしよう。

正しい態度で、正しい動機で、その結果はどうかということにさしたる気をとめず、世間の役に立ち、自分の道を歩もう。

悟りの前に、薪を切り、水を運べ。

悟りの後に、薪を切り、水を運べ。
雨が降ったら、傘をさそう。

- 素直に、そこで必要な行動をとればいい。
- 素直になれない人の多くは、過去の出来事をトラウマにしている。
- 聖人君子というのは、幻覚を見ない人である。
- 「ここ」にいるようにしよう。
- 計画する時間よりも、実行する時間を大事にしよう。

くもりのない心で毎日を過ごそう！

本当の意味の素直さというものは、力強いものであり、積極的な内容をもっているものだと思うのです。それは私心なく、くもりのない心といいますか、ひとつのことにとらわれず、物事をあるがままに見ようとする心だということです。

そういう素直な心からは、物事の真相をつかむ力が生まれてきますし、それに基づいてなすべきことをなし、なすべきでないことを排する勇気というものがわいてくると思うのです。

＊　＊　＊

自分の身なりを正すためには、人はまず鏡の前に立つ。鏡は正直である。ありのままの姿を、ありのままにそこに映し出す。自分のネクタイは曲がっていないと、頑固に言い張る人でも、鏡の前に立てば、その曲直は一目瞭然《いちもくりょうぜん》である。

だから人は、その過ちを認め、これを直す。

身なりは、鏡で正せるにしても、心のゆがみまでも映し出しはしない。だから、人はとかく、自分の考えや振る舞いの誤りを自覚しにくい。

心の鏡がないのだから、ムリもないといえばそれまでだが、けれど求める心、謙虚な心さえあれば、心の鏡は随所《ずいしょ》にある。

自分の周囲にある物、いる人、これすべて、わが心の反映である。わが心の鏡である。

松下幸之助（『松下幸之助からの手紙』『道をひらく』より編集）

心のくもりが生じるとき

人間は自由である。
この事実は避けられない。

自由であるから、間違った行動にいたることもある。
そして、間違ったことをするとき、心がくもり、素直でなくなってしまう。
そういうときは、真の喜びもなければ、やる気もわいてこない。
悔いが残るばかりである。
自分の心をひらくということは、その心をくもりのない状態で保つということなのだ。
あなたはどういうときに心がくもるのだろうか？
それを真剣に考えてみていただきたい。
これを知っておくことは人生の何よりもの秘訣なのだろう。
心のくもりが生じるのは、どういうときか？
それはふたつある。
ひとつは、自分のベストを尽くさなかったときである。
もうひとつは、人を傷つけたときである。

それだけのことだ。

一日中ベストを尽くし、他人を傷つけるようなことをしない限り、心のくもりは生じようがない。

赤ちゃんと同じように真っ白で、羽のように軽く、心から楽しみながら、精一杯すべてのことに取り組むことができる。

今日は失敗だったな

本当にベストを尽くし、些細《ささい》なことまで大切にするということは、松下幸之助のひとつの特徴だった。

元松下電器産業販売研修所長の中川一《はじめ》がこういう思い出を語っている。

会社の50周年のとき、本社の中でいろいろ感謝の催しをいたしまして、それが終わったあとで、謝恩のパーティーをいたしました。そのとき、名人の花柳有洸《はなやぎゆうこう》さんをお招きし、寿式三番叟《ことぶきしきさんばそう》という舞踊を舞っていただきました。

これはとても立派な踊りでした。

ところが、私どもは、いわばパーティーという考えですから、松下相談役にご挨拶をいただく、そしてお客様からまた何々していただく、そして乾杯。それから芸能の方々に踊っていただくという流れがあって、乾杯のあとは、ずっと酒を飲み、互いにお話をしていたわけです。

ですから、せっかく踊っておられる花柳有洸さんの踊りを観ている人もいるけれども、観ていない人もいました。中にはゴチャゴチャと話を交わしている人もいました。

それを相談役はじっと見ておられたのです。

パーティーが終わって、解散したあと、私は呼ばれました。そして、相談役は、「今日のパーティーはいけない、落第だ」とおっしゃったのです。

「今日は、たくさんのお客さんにお見えいただいたけれど、今日の一番のお客さんがいる。それは、松下電器の50周年ということで、いろいろ忙しいにもかかわらず、いろんなスケジュールがあったにしろ、一番優先して、時間を割いて、わざわざ来てくださった芸能の方々だ。その皆さんに対して、本当に申し訳なかった」

そして、

「次からは、踊っていただくなど、いろいろな芸事をしていただく、それをみんなで拝見、拝聴して、それから乾杯しなさい。今日のように、観ていない方、また聞いておられない方があったら失敗である。これは本当に申し訳なかった、今日は落第だ」と。

100％の心は日本の美徳

あなたは毎日、100％で取り組んでいるだろうか？

私が多くの方々を指導する中で、いつも思うことは、「ほとんどの人は100％の基準を経験したことがない」ということだ。


そこまで出していいのだろうか？

そこまで、自分を出してしまったら、目立つし、人の目が怖いから、はばかってしまう。

または、あとのことばかりが気になり、明日は忙しいから、エネルギーをセーブしないといけないと思ってしまう。

そうすると、エネルギーが下がる一方となる。

１００%とはいったい何だろうか？
あなたの１００%とはどういうレベルなのだろうか？

今日の接待は、１００%だったのだろうか？
芸能の方々まで、店の人たちまで喜んで帰ってくれたのだろうか？
今日の挨拶は、１００%だったのだろうか？
声を精一杯元気よく出したのだろうか？
この商品は、１００%なのだろうか？
伴侶に対する愛情表現は、１００%なのだろうか？
毎日の運動は、１００%なのだろうか？
師匠に対する接し方・礼儀の尽くし方は、１００%なのだろうか？
勉強の姿勢は、１００%なのだろうか？

これは、本来の日本の文化ではないか！

私は、14歳から、合氣道の道場に通い始めた。

そこで、最初に教わったことは、「道場に入るときは靴をきっちり並べる」ということだった。

稽古に対する姿勢を100％にすることだ。


花一輪をさすことに一生涯の価値を見出す。

刀のひと振りに人生を見つける。

中途半端にしない。

徹底的にやる。

改善は永遠なり。

限界はない。


これはプラス一《いち》の精神である。

聖書では、**「あなたに向かって、共に一里《り》行くように求める人がいれば、その人と共に二里行きなさい」**と書いているが、これは100％の精神であり、くもりのない心のひとつの秘訣なのだと思う。

紳士ナイジェルのプラス一《いち》

私はかなりのホテルオタクである。

世界中の一流ホテルに宿泊するのは、もはや趣味になっている。

その中で、ちょっと気に入っているホテルのひとつが、ロンドンのハイド・パークに面しているフォーシーズンズホテルである。


初めてそこで宿泊したときの話をしよう。

部屋にいるとき、絆創膏《ばんそうこう》が必要になった。

そこで、コンシェルジュに電話を入れて、「絆創膏をいただきたいのですが」と注文した。

そう言われると、普通のホテルの従業員だったら、何と答えるだろうか。

「かしこまりました」というありきたりのセリフが返ってくることだろう。


しかし、ここのコンシェルジュは違っていた。

「Yes Sir. Immediately Sir. ＝はい、かしこまりました。すぐさまお持ちいたします」
という答えだった。

この「すぐさま」という言葉は、何と心強い対応なのだろう……。

翌日、フロントの前でその人に会った。ナイジェルという男性で、背が高く、長い口ひげを生やした、いかにもロンドンにいそうな紳士であった。

私は声をかけた。
「ナイジェル、週末パリに行こうと思うのだけど、ホテルの予約をお願いします」
また同じ返事である。
「Yes Sir. Immediately Sir. ＝はい、かしこまりました、すぐさま手配をいたします」

それから、彼は続けて言った。
「で、パリでどのようなホテルをご希望なさいますか？」

私が要望を説明すると、

「それなら、プラザ・アテネをお勧めいたします。すぐさま電話して予約をさせていただきます」

いつもの対応である。

しかし、そこで終わらない。彼はさらにこちらの気持ちを読んで、

「ところで、パリまでの交通手段も確保させていただきましょうか」

もう、虜《とりこ》である。

パリから帰ってきて、またフォーシーズンズにチェックインした。

ナイジェルがスマートにフロントまで歩いてきて、

「ミスター・スキナー、お帰りなさい。パリはいかがでございましたか」

彼にいろんなことを頼むのが、楽しくて楽しくて仕方がない。

そして、図に乗って、難易度を高めていった。

宿泊の途中、ある晩、オックスフォード大学に通っている友人の誕生日だということをふと思い出した。気づいたのは、もう夜の8時過ぎであった。

ナイジェルに相談をもちかけた。

「これからオックスフォードに12本のバラの花束を届けてほしい」

これはさすがに「すぐさま」というわけにはいかない。花屋もしまっている時間帯だろうし、ロンドンから離れている場所でもあるし。

返事が返ってきた。

「Yes Sir. Within the hour Sir. =はい、かしこまりました。1時間以内に確実に届けさせていただきます」ということだった。

感動の至りである。

何というサービスなのだろう！

何というおしゃれな言葉遣いなのだろう！

まさにこのプラス一の姿勢、プラス一の言葉で、虜にされている。

彼にはずんだチップは並大抵ではないということはいうまでもない。

松下幸之助が『経済談義』の中で次のように表現している。

「自分は十だけのものを受けるが、他に対しては九しか与えないとしたらどうなるか。もしみんながそういう姿だったら、社会全体がだんだん貧困になってしまうだろう。そうでなく、十受けたら十一を返すというようにみんながしていけば、その余った一が次第に全体にゆきわたって、だれもがだんだんと物心とも豊かな生活を営むことができるようになる」

ありふれた対応だけでは、自分の心がくもる。鏡を見つめるとき、自分はもっとできたはずだと思う。そして、これでは相手の心もひらけない。ありふれた対応には、やはりありふれた反応しか返ってこない。

このプラス一の部分がものをいうのである。

人生最期のセリフ

これは、くもりのない心で生きることであり、くもりのない心で自分の最期を迎えることである。

そして、そうすることで、人生の終わりを迎え、あなたは叫び出すに違いない。

「私は生きたのだ！　どうだ！　あなたもこのくらい生きられるものなら、このくらい生きてみろ！」

先に紹介した藤平光一は合氣道の創始者植芝盛平《うえしばもりへい》から唯一十段の免許を授かった武道家であり、また思想家の中村天風《なかむらてんぷう》の一番弟子でもあった人物である。

一昨年、彼の葬儀に参列した。

そこで思ったことは、**１００％の人生を送った人の葬儀は、悲しくともなんともない。美しいだけである。**

悲しいのは、中途半端に人生を送り、真に生きることなく、他界してしまった人の葬儀なのだ。

師匠が生前、よく口にした言葉がある。

「わしゃ、死なん！」

という言葉だった。

〝氣〟を教える人なので、弟子はみんなそこで思う。

「また変なことを言っているなぁ……」

そこで、師匠はまた言う。

「違う！　変なことは言っていない。わしゃ、決して死なん！」

「まあまた……」

「本当のことだ！　わしゃ、決して死なん！　ただし、生きているあいだはね……」

つまり、くもりのない心で生き続けて、毎日精一杯氣を出し続けて、自分のベストを尽くすということだ。

式場の築地本願寺の本堂に座ると、そこに飾ってある師匠の写真は、ずっと私を睨《にら》みつけている。

怖いくらいである。

そして、途中で、はっきりと師匠の声が聞こえてくる。

彼の特異なアクセントと言い回しで……。

「おれはやった！　おまえもやれ！」


くもりのない心で生きる人は、偉大である。

くもりのない心で生きる人は、美しい。

顧客の無知に基づく経営は終わった

くもりのない心で生きる人は、ほかの人の心をもひらき、大業を成し遂げる。

自分の態度も問われるし、会社などの組織の態度も問われる。

会社は人によって、人のために運営される公器である。

そして、現代社会において、その会社というものは、１００％の基準でなければ喜ばれないし、また人を傷つける会社も許されない。


インターネットの時代だから、なおさらのことである。

お客様の無知に基づく経営は成り立たないし、どういう基準で物事を行なっているのかがソーシャルメディアですぐ広がってしまう。


あなたの会社の今の基準はどうだろうか？

１００％になっているものは何か？

なっていないものは何か？


その事業によって、人は喜んでいるだろうか？

悲しくなっている人はいないだろうか？


経営者として、これを毎日考えなければならない。

心をとざすと暴力につながる

しかし、私生活、または仕事において、精一杯やっていながらも、自分の言動が他人を傷つけるものになっていれば、心の密雲《みつうん》は晴れない。

他人を傷つけることは、暴力なのである。

形はどうあれ、結局暴力というほかない。

詐欺は暴力である。

人を傷つける言葉は暴力である。

他人に罪悪感をもたせて、それによってその人をコントロールしようとすることは暴力である。

私の友達で、コリン・ホールという人がいる。

南アフリカで最も大きな小売店の経営者であるが、ほかのどこの店よりも早く黒人と白人を和解させ、コミュニティーとの密着を果たした功績によって、現地で有名な人物である。

ほかの経営者がその姿に感動して、聞いたことがある。

「おまえのところは、どうやってあれほどみんなと仲良くできたのかね？」

コリンは答えた。

「職場の中から差別を追放するために、まず自分の中から差別心を追放しなければならなかった」


それと同じように、私たちは、自分の心から暴力を追放しなければならない。


他人をだましたい心。

他人を自分の利益のためにだけ利用したいという心。

他人に罪悪感をもたせて、自分がしてほしいようにさせようとする心。

他人に怒る心。

他人を傷つける心。


これらをすべてなくして、初めてくもりのない心で人生が生きられるのだろう。

今日から心が晴れる

くもりのない心で生きることは何からスタートすればいいのだろうか？
それは言葉なのだと思う。

中村天風の文章を引用しよう。

「いやしくも人を傷つける言葉、勇気を挫《くじ》くような言葉、あるいは人を失望させるような言葉、憎しみ、悲しみ、嫉《ねた》みの言葉を遠慮なく使っている人間は、悪魔の加勢をしているようなものだ！　そういう人間は、哲学的にいえば、自他の運命を破壊することを平気でしゃべっている。だから、何遍も言うように、人びとの心に勇気を与える言葉、喜びを与える言葉、何とも言えず、人生を朗らかに感じるような言葉を、お互いに話し合うようにしよう」
（出典『運命を拓《ひら》く』）

１００％を尽くそう。
言葉において、完璧でいよう。

人のためになると思うことをしよう。

そうすれば、あなたの心をひらき、天の窓がひらかれて、受け取るに困るほどの恵みが与えられるに違いない。

◆ **心のくもりが生じるのは、ベストを尽くさなかったときと人を傷つけたとき。**

◆ **自分の姿勢を100%にしなければならない。**

◆ **くもりのない心で生きる人は、偉大で、美しい。**

◆ **私たちは、自分の心から暴力を追放しなければならない。**

◆ **言葉において完璧でいよう。**

PART

3

人の心をひらく

道

相手目線で考えよう！

商売をするには、自分の扱う商品を十分吟味《ぎんみ》し、自信をもって販売することが大事であることはいうまでもないでしょう。

ただ、その際の心がけとして、単に商品を吟味するというのではなく、買う人の身になってというか、いわばお得意先の仕入れ先になったつもりで、これを吟味することが大事だと思います。

だから、お得意先は今何を必要とされているか、どういう程度のものをどれほど欲しておられるかということを察知しつつ、そういう目で商品を吟味して、お得意様の意にかなうようにお勧めしなければなりません。

商売を始めて間もない頃、ある先輩の方から、こんな話を聞きました。

ある町に立派なお菓子屋さんがありました。そこに、ある日ひとりのホームレスの方がまんじゅうを1個買いに来たのです。しかし、そういったいわばご大家ともいわれるそのお菓子屋さんに、たとえ1個にしろ、ホームレスの方がまんじゅうを買いに来るというのは、これは珍しいことだったのです。

それで、そのお店の小僧さんは、まんじゅうを1個包んだのですが、何ぶん相手が相手だけに、ちょっと渡すのを躊躇《ちゅうちょ》しました。

すると、そこのお店のご主人が声をかけたのです。

「ちょっとお待ち、それは私がお渡ししよう」

そう言って、そのまんじゅうの包みを自分で相手の方に渡し、代金を受け取ると、「誠にありがとうございます」と言って、深々と頭を下げたのです。

お客様が出て行ったあとで、その小僧さんは、不思議そうに尋ねました。

「これまでどんなお客様がみえても、ご主人はご自分でわざわざお渡しになったことはなかったように思います。いつも、私どもか番頭さんがお渡ししておりました。今日は、どうしてご主人ご自身がお渡しになったのですか」

そうすると、ご主人はこう答えたのです。

「おまえが不思議に思うのももっともだが、よう覚えておきや。これが商売冥利というものなのだ。なるほど、いつもうちの店をごひいきにしてくださるお客様は確かにありがたい、大切にせねばならん。しかし、今日の人の場合は違う」

「どう違うのですか？」

「いつものお客様は、皆お金のある立派な人や。だからうちの店に来られても不思議はない。だがあの人は、いっぺんこのうちのまんじゅうを食ってみたいということで、自分が持っている１銭か２銭のいわばなけなしの全財産をはたいて買ってくださった。こんなありがたいことはないではないか。そのお客様に対しては、主人の私みずからこれを差し上げるのが当然だ。それが商売人の道というものだよ」


これだけの話ですが、何十年か経った今でも、はっきり頭の中に残っています。そして、このようなところに商売人としての感激を味わうのが、本当の姿ではないかという気がしているのです。

松下幸之助（『商売心得帖』より編集）

相手の目線に立てるか

成功は、心をひらくすべての男女に約束された道である。
老若《ろうにゃく》も問わない。
学歴も問わない。

ただ、条件がある。
その条件というのは、**ほかの人の幸せに自分の焦点を向けるということである。**

自分自身に集中すれば、だれもが弱い。
ほかの人に集中し始めれば、だれもが計り知れない力をもってしまう。

人間だれしも、理解されたい。
分かってほしい。
認めてもらいたい。
これは切に願うことである。

だから、自分を理解してくれていると思う相手に心をひらくのである。

したがって、相手目線で物事を見るという習慣は、万人の心をひらく秘訣なのである。

マザー・テレサは、道に倒れて死を待っている病人の目線で見ることができた。

マーティン・ルーサー・キングは、黒人の平等を恐れていた白人の目線で見ることができた。

スティーブ・ジョブズは、コンピューターの冷たさと使いにくさに悩む消費者の目線で見ることができた。

そして、あなたは、家族、部下、上司、お客様の目線で見ることができる。

ディズニーと海兵隊の教訓

私みずから、相手目線で物事を考える大切さを痛感した出来事をふたつ述べることにしよう。

以前、非常に異色な顧客をもったことがあった。それは、東京ディズニーランドを運営するオリエンタルランドという会社だった。

その会社の役員たちに対して、３日間の教育をすることになった。

いったいどうすればいいのだろう？

この人たちは非常に成功している。自分たちの世界が正解だと思っているし、そう簡単に「外」の人間の話を聞くことはないだろう。**だから、「中」の人間にならなければならない。**

そこで、私はディズニーの世界を研究し始めた。

ウォルト・ディズニーがどういう哲学をもっていたのか。どのようないきさつでディズニーランドをつくることになったのか。ディズニーランドで遊んでみて、現場も見るようにした。

それから研修会場に入った。

そして、それぞれのセッションのスタートにディズニー・クイズを実施するようにした。

ディズニーランドができるまでに、銀行から何回融資を断られたか。スプラッシュ・マウンテンの本当の名前は何かなど。また、ディズニーのさまざまな歌を歌い、それはどのキャラクターのテーマ曲なのか、当ててみてもらったりした。

結果は大成功であった。

セミナーは、非常に好評を得て、東京ディズニーランドで働くマネジャー600人全員が私から教育を受けることになった。なぜなら私はウォルト・ディズニーの目線で接してあげたのだから。

もうひとつの経験は、初めて軍隊にリーダーシップを教えるために出かけたときのことである。

横須賀にある米海軍の基地まで足を運んだ。基地に入るための通行証をもらっていたので、それを持って、フロントゲートの警備室に入った。そこには物々しい装備のアメリカ兵が立っていた。そして、その後ろの壁に、どのような条件において相手を射殺して良いのかを説明する大きなポスターが貼ってあった。

やはり、別世界に入ろうとしている！

軍のしきたりで、仕事は早朝からのスタートなので、前泊することになっていた。お客様にあたる資材調達部隊の総司令官の厚意があって、高級士官寮に宿泊するように招待された。

しかし、いざ士官寮の事務所に到着してみると、そんな話は聞いていないと言う。

本当に困った。翌朝は早いし、準備しておきたい。そして、何といっても、泊まる場所がない。

いろいろとフロントの方と交渉してみたところ、とにかく高級士官寮が満室のため、対応できないので、とりあえず中央宿泊事務所に行ってみてはどうか、ということになった。

そこでの担当者も困り顔であった。民間人の対応になれていないのであろう。

とにかく泊まる場所を見つけないと、明朝総司令官たちが集合したときに、講師がいないということになるので、空室表を見てもらい、基地の中にひとつだけベッドが空いているということが分かった。

それはマリーン・バラック（海兵隊の宿舎）にあるものだった。

そこに行ってみると、海兵隊の兵卒寮になっていて、個室などはありはしない。

広い相部屋に何十個のベッドが並んでいて、上に1枚の毛布と1個の枕があるだけだった。

だれもいないので、とりあえず自分のベッドの番号を探して、荷物を置いた。

そして、となりのベッドを見てみると、その上に同性愛者の雑誌が無造作に放り込んであるではないか……。

ちょうどそのとき、がっちりとした海兵隊員たちがぞろぞろ帰ってきた。皆Tシャツの下は筋肉隆々で、頭を剃り上げている。

私は、そのとき髪が伸びていたので、なんともいえない場違いな雰囲気だったのだと思う。

極度の緊張感が漂った。

「だれだ、あんた！」と叫び声が飛んで来た。

相手の世界にうまく溶け込めないとこうなるのだ。

大問題である。

そこで、「民間人です」ということを説明したが、

「ここに民間人が泊まるわけがない！」と抗議する。

やはり、相手が理解できる形にしなければならない。

相手目線で考えるしかない。

海兵隊の最も理解できるものは何かといったら、命令なのだろう。

宿泊命令書を突き出した。

「ここに泊まれという命令だ。異存はないだろう！」

1番でっかい海兵隊員がその紙を手に取って睨んだ。

「そうか」

そう言ったきりである。

海兵隊宿舎に宿泊する民間人は、ＣＩＡの工作員くらいしかいないだろうという解釈らしく、それからみんなが私を放っておいてくれた。

翌朝、何ごともなかったような顔で、研修会場に向かった。

そこで、セミナーの担当者がパニック状態に陥っている。高級士官寮に迎えに行ったが、

「そんな人のことなど聞いたことがない」と言われた。だから、先生が来るのか、来ないのか、心配したのは当然である。

「先生、昨晩どこに泊まりましたか？」

「海兵隊宿舎だよ」

「オー・マイ・ゴッド！　先生、大丈夫ですか！！！（笑）」

『7つの習慣』のコヴィー博士はこのことを「理解してから理解される」という簡単な言葉で表現している。

つまり、自分目線で見るよう人に要求しないで、まずその人の目線で見るように努力するということだ。

ラポールの鍵とは

コミュニケーションの専門用語で、「ラポール」という言葉がある。

ラポールとは、ひらかれたコミュニケーションが可能な状態であり、反応し合っている状態であり、突き詰めていうならば、心がひらいた状態であるのだ。

相手の心がひらかれているならば、コミュニケーションは円滑になるし、相互理解が生まれる。

しかし、心をとざしていれば、何を言っても、耳には入らない。馬耳東風《ばじとうふう》で終わってしまう。

ラポールの鍵は、相手と何かを共有することである。

同じ趣味をもつ。
同じ言語を話す。
同じ車種に乗っている。
同じ出身地である。
同じA定食を注文している。
同じ音楽が好きである。
同じ色のスーツを着ている。

このいずれも、関係を結び、心をひらくのに十分な理由になり得る。

人の心をひらくことはむずかしいことではない。
ラポールをつくるのは簡単だ。
相手も心をひらき、素敵な関係を築きたいと考えているからである。

人間はみんな協力者がほしい。
良き理解者がほしい。
味方がほしい。
友達がほしいのだ。

なってあげればいいだけの話である。

このような共通点をもつことは、確かに有効だし、それなりに力強い。

しかし、もっとパワフルなアプローチがある。

それは、相手に対する理解をその相手と共有してあげることであり、同じ目線で物事を見るということである。

耳と目と心で聴く

これは「感情移入」というものだ。


「聴く」という漢字は、「耳」と「目」と「心」で書く。

これには、深い知恵が詰まっているのだと思う。

耳で相手の言っている言葉を聞き、目で表情を見つめ、目線を合わせ、そして心で気持ちを感じ取り、その人の真意をくみ取る。

そうすることで、真の意味で、その人とその人の話を理解できる。


感情移入は簡単である。

人の話を聞き、その人の言っている内容と、その人の表現している気持ちの双方をその人にフィードバックしてあげれば良い。

それを言いたかった！

「お母さん、学校に行くのはもう嫌だよ！」

「学校に何か嫌なことがあって、行きたくないと思っているのね」

裁きもせず、決まりきった問題解決を押し付けることもせず、一度目線を合わせるということだ。


「お宅の会社はとんでもないよ！」

「当社は、何かの問題を起こしていて、それに対してお客様は大変怒っておられるのですね」

弁解もせず、エゴも挟まず、一度相手の立場に立ってみることだ。


「この関係はもうダメかも……」

「ふたりの関係がうまくいっていなくて、愛されていると感じていないのね」

否定もせず、すぐに直そうともせず、自分の行動を弁解もせず、話を聞いてあげるということである。

ほとんどの人は、弁解し、反論し、説得しようとする。

しかし、あなたはもうそうはしない。

素直に相手の話を聴き、それを理解し、相手に代わって相手の立場を主張する。

そうすれば、相手は、「それを言いたかった！」と叫び出す。

このセリフをこれからの人生において何回聞けるだろうか？ それはあなたのコミュニケーション能力の何よりの目安となるだろう。

人間には、口ひとつ、耳ふたつ。その割合で使うようにしよう！

常にお客様目線の松下幸之助

松下幸之助は、常に一般の消費者に感情移入していた。

それを表す出来事を考えてみよう。

これは、ＰＨＰ研究所のある経営幹部から聞いた話である。

ある日、テレビ事業部の事業部長がテレビの試作品を持って来ました。技術者が四、五人ついて来ていて、いろいろと商品の説明を松下幸之助にしていたのです。

松下幸之助という人はおもしろい人で、そうやって部下が、試作品だとか、製品・商品を持って来ると、必ず両手で触るのです。

要するに、腕組みして聞くということはしないで、必ず製品を触りながら、「ようつくってくれましたな」という雰囲気でその説明を受けるのです。「こんな工夫をしたのか」「ああ、そんな工夫をしたのか」「いいのができたじゃないか」というように、小一時間くらい説明を聞くのです。

そうされると、試作品をつくった、あるいは製品をつくった技術者は嬉しいわけです。

そのときも、松下幸之助は、テレビを触りながら、「ああ、そうか」と説明を聞いていました。

その最後に、松下幸之助は、「ところで、きみらはこのテレビをいくらで売るつもりや？」と質問しました。

すると、そのテレビ事業部の事業部長は、「18万円です」と答えたのです。

松下幸之助が「ああ、そうか」と言って、ちょっと怪訝《けげん》そうな顔をしていたところに、ちょうどお茶を持って、女性社員が入って来ました。そして、お茶を配り終わって、会議室を出ようとしたその女性社員を、松下幸之助が呼び止めたのです。

「きみな、この人たちが持って来たのは、今度売り出すテレビや。これ見て、形はどう思う？　デザインはどう思う？」

彼女はお盆を持ったまま、直立不動で、「いいと思います」というふうに答えたのです。

「ああ、そうか。じゃ、色はどうや？」

「いいと思います」

「そうか。ちょっとチャンネルを回してみて。何か差し障りはあるか？」

「いや、いいと思います」

それを聞いて、松下幸之助は、こう尋ねました。

「そうか、そうか。きみはいいと思うのか。きみがそんなにいいと思うなら、このテレビを買うのだったら、いくらで買ってくれるかね？」

すると、その女性社員は、「12万円くらいでしょうか」と言ったのです。

それを聞いて、松下幸之助は、「ああ、そうか。きみは12万円だったら買ってくれるのか。そうなら、もういいよ」ということで、彼女は部屋を出て行きました。

松下幸之助は事業部長の顔を見て、「今の話を聞いたか？　きみたちは、いろいろ苦労を重ねてそのつくった商品をいろいろ計算して、小売価格を18万円というふうに考えたけど、お客さんはこれを見て、そうは考えない。12万円と、あの子は言った。それなのに18万円の値段をつけて売れるかね？」

そして、最後に事業部長に向けてこう言いました。

「性質・性能を落とさないで、このテレビを12万円でできないかをもういっぺん工夫してみてくれ」

神様と呼ばれた理由

これは人間関係の基本であり、商売の基本でもある。

商品づくりとは、お客様の気持ちと要望を形にすることであり、マーケティングとは、お客様の気持ちを言葉に変え、それをサービスと商品を通して説くということにすぎない。

1回でも、ぴったりとお客様の気持ちを表現できれば、そのセールスレター1枚で一生涯分の財産を築き上げることができる。

「最近、野菜が高くて困っている主婦に朗報！」
「コピー1枚でも、社員を呼んでしまう社長の皆さん……」
「どの政党に票を入れても、一緒だと思っていませんか？」
「病気になってからでも入れる保険がありますよ」

これらは、いずれも相手の気持ちを表現しようとする努力の結果であり、商売とマーケティングの基本といえよう。

どうりで、相手目線に徹底した松下幸之助が商売の神様と呼ばれたわけである。それは、お客様にとって理解の神様だったからだ。

マーケティングの中で、理解を示してあげたい最も基本的なところというのは、相手はだれなのか、どういう人なのかということである。

だれにでも売ろうとしていれば、結局だれも買ってくれない。

「この商品は、私に向いているだろうか？」

これは消費者の最も大きな悩みであり、年々選択肢が広がるなか、ますますこの悩みは深刻になる一方といえる。

アイデンティティ・フィットのために

セミナーなどで、参加者の意見を聞き、このことに関する悩みの深さに驚くばかり。

男性の大半がお店に入り、気に入るデザインの服を見つけても、男性服なのか女性服なのか判断できず、そのまま購入を断念した経験がある。

自分に合うものかどうか、売る側が教えてくれないとダメである。

このことを、「アイデンティティ・フィット」と呼んでいる。

つまり、自分の自己定義に合うかどうかという意味である。

相手目線になるためには、まず相手はだれなのかを考えることにしよう。

「女性にモテたい20代男性に人気ナンバーワンのスポーツカー」
「子供の健康を心配する母親たちの使う小麦粉」
「会社をつくって、まだ3カ月も経たない社長が読むべき1冊」
「妊婦タクシー」

ターゲットが狭くなればなるほどいい。

一番いいスポーツカー
一番いい食品
一番いい本
一番いいタクシーサービス

このいずれも無意味に等しい。
相手を特定していないから、相手目線で提供していると思えない。

相手の立場を、相手よりもうまく述べる。

これを練習しよう。

真心に勝てる営業はない

理解はとても大事であるが、相手目線の究極の姿は、相手のことを真心から大事に思うということである。


相手はみずからを大事に思っているに違いない。

だから、私たちもその人を大事に思うようになるまでは、同じ目線になっているとはいえない。


東京駅前の八重洲商店街で私はある人物と昼食をとっていた。

なんでもないレストランであったが、相手はそうではない。

相手は、私の生涯における最大の顧客である。その顧客は、私から660億円の商品を買ってくれていた。

前代未聞の大口取引先である。

相手と非常に仲がいいので、話が盛り上がる。

そして、私はふと聞いてみたくなった。何でこれほどの取引をしてくれるのか……。

そこで切り出した。

「ところで、そもそも弊社を選んだ理由は何だったのでしょうか。教えていただければ幸いです」

「ああ、それね。簡単なことだよ。御社と似たような商品はたくさん見ている。1週間で、そうね、少なくても20社から何らかの形で売り込みはやって来る。で、御社を選んだ理由は？　他社よりもうちを大事に思っていると感じたのだよ。それだけ……」

人間はやはり、感情と本能の動物である。において分かる。自分の利益を求めているのか、相手の利益を求めているのか。

そのまごころが、相手の心をひらく究極の方法に違いない。

日本語で、「お客様は神様だ」とよく言われるが、やはり心から尽くさなければならない。

そうすれば、相手の心がひらかれるはずである！

◆成功はほかの人の幸せに自分の焦点を向けることから始まる。
◆相手の心をひらくには、相手の話を聞き、その話の中身と、その人の気持ちをフィードバックすれば良い。
◆人間には、口ひとつ、耳ふたつ。その割合で使うようにしよう！
◆相手の立場を、相手よりもうまく述べる練習をしよう。
◆人間は自分の利益を求めているのか、相手の利益を求めているのか、において分かる。

褒《ほ》め言葉で終わるようにしよう！

今日、どこの会社や商店でも、人を求め、人を育てていくという点に非常な努力をしております。けれども、実際のところは、その割合に人がなかなか育ちにくいのが世の常でしょう。

ここに首脳者の立場に立つ人の悩みといえば悩みがあると思うのです。いったいどうすれば人が育っていくものなのでしょうか。

考え方はいろいろあると思います。しかし、私自身としましては、元来首脳者の心得として、つとめて社員の長所を見て、短所を見ないよう心がけております。

もし、私がつとめて短所を見る方であったとしますと、安心して人を用いることができないのみならず、いつも失敗しはしないか、失敗しないだろうかと、ひとしお心を労するでしょう。

これでは事業経営にあたる勇気も低調となり、会社、商店の発展も十分には望めないようになりかねません。

ところが、幸いにして、私は社員の欠点を見るよりも、その長所や才能に目が移りますので、すぐに「あの人ならばやるだろう。あの人はこんなところがうまい。主任は務まるだろう。部長にしても良かろう。ひとつの会社の経営をしてもらっても大丈夫だろう」と、少しの心配もなく任せることができるのです。

またこうすることによって、それぞれの人の力もおのずと養われてくると考えられます。

松下幸之助（『商売心得帖』より編集）

飴《あめ》と鞭《むち》の使い分け

英語には、「酢よりも蜂蜜でハエがとれる」ということわざがある。

だれもが、非難されるよりも、褒められることが好きである。

これは普遍の真理であり、あなたも例外ではないだろう。

あなたの部下も例外ではないだろう。

あなたの子供も例外ではないだろう。


この学びが心に染みるとき、人生が変わる。

なぜなら、人に厳しいことよりも、優しいことを言うようになるからである。


そこで、あなたの人間関係は蜂蜜のような美味しいものに変わるだろう。

周りの人の心を大きくひらくだろう。

そして、彼らの支えと協力を受けて、あなたは人生を送り、家庭を育《はぐく》み、会社を経営し、社会を営むことになるだろう。


しかし、そうはいうものの、リーダーであったり、コーチであったり、親であったり、マネジャーであったりすれば、厳しいことを言う必要が出てくる。

相手を叱るべきときがある。

いや、叱ることができないリーダーはもはやダメというほかない。

特に、相手の心が曲がったり、哲学が誤ったりしているときはそうである。

松下幸之助の部下の思い出話を聞くと、そのかなりの部分は彼に叱られたときの話である。

そして、その中身を洗い出してみると、やり方の問題について叱っている話は見当たらない。すべてが、哲学や基本的な考え方が間違っていたときの話なのだ。

やり方の問題ならば、簡単に教育してもらったり、手順を設定したり、システムを構築したりすれば、それで直るだろう。

それ以上の問題はない。

しかし、哲学の問題、考え方の問題、心の問題ならば、もっと強い活《かつ》を入れる必要が出てくる。

そこが問題。

心の問題があったとき、がつんと言わなければならないが、心の問題だからこそ、さらに心をとざし、関係を悪化させ、心と行動を改めるどころか、さらに悪くなることも十分に考えられる。

だから、ほとんどのリーダーや経営者は甘くなる。
言うべきことが言えない。
そして、もっと困ったことに、そのリーダーやマネジャーに対しては、だれも叱れなくなってしまう。

まさに裸の王様の状態だ。

愛だよ！

私はセミナーなどで、社長を厳しく叱ることがあるが、「何年間も、だれも叱ってくれなかったから、とてもありがたい」という言葉をいただくことがしばしばある。

どうしたら、厳しいことを言って、叱り、それでもって相手を改心させ、本当に行動を改めてもらえるだろうか。

その答えは、「愛」である。

愛という言葉を聞くと、驚く人もいるだろう。

しかし、愛以外の何ものでもない。

つまり、厳しく叱っても、それだけ相手のことを大事に思い、良くなってほしい、成功してほしい、大切だからこそ言っているのだということであるのだ。

誤魔化《ごまか》しがまったく効かない。

本当に愛があるかどうかがすべてである。

火箸《ひばし》が曲がってしまった

素直になり、自分の心をひらくことがやはり先決なのだ。

元三洋電機副社長・相談役の後藤清一の経験から、このことを学ぶことができる。

私は工場長をやっていましてね。当時、われわれの仕事は、歩合制度がありまして、ある一定の数以上が出ると、それに対して割り増しの報酬が出た時代がありました。

あるとき、「割り増しが少ないから、ちょっと値上げしよう」ということで、工場長仲間で相談して、値上げをしたのです。

それは良かった。しかし、値上げしたことを松下創業者に報告しなかったわけです。頬被《ほおかぶ》りしていたわけですね。

2、3カ月経って、それがばれてしまいまして、「首謀者はだれか、後藤か」ということになりました。

そのことがばれた晩の遅く、9時か10時頃に、電話がかかりました。「すぐ来い！」と呼び出され、私が行きますと、「きみが値上げしたことについては、私はなんとも言わない。しかし、私に、なぜその報告をしなかったのか」と言って、非常に怒られたわけです。

ちょうど冬で、創業者の横にはストーブが焚《た》かれていました。私は石炭ストーブの前に立って叱られたわけです。こっちは不動の姿勢で、向こうは腰かけて。

そこに火箸がありました。あの人は、怒るときは、もう全力集中して怒られます。そのときも火箸が曲がるほど、ストーブを叩きつつぼくを叱ったわけです。

ぼくは貧血を起こしまして、血がフワーッと下がって顔色が変わり、ブドウ酒を飲ませてもらったのです。それくらい大変叱られて、それでようやく終わりました。

もう12時くらいになっていました。そこで、「よく気を付けて、これからちゃんとやりますので」と言って、外に出ようとしたら、「ちょっと待て」と言われました。

「まだご用ですか」

「きみのために、叩きすぎて、この火箸が曲がってしまった。これを真っ直ぐにしてから帰れ」と言うのです……。

それがね、ぼくは非常にいい手だと思います。叱るのは、本人がいなかったら叱れない。だから、われわれを叱るということは、本人に対面できるというわけです。

怒るのは、陰でもできるわけですけど、あの人は本人を目の前にして叱るわけです。

ぼくは言われた通りに火箸を叩いて、真っ直ぐにしました。

それを見て、「ああ、やっぱりきみは上手だ。真っ直ぐになったなぁ」。

これで、私の気持ちもコロッと変わりました。

「きみがうまいこと真っ直ぐにしてくれた。ご苦労さん」

外に出たら、秘書課長が待っていました。

「こんな夜中にどうしたの？」と聞いたら、

「いやいや、〝あなたを送ってくれ〟と言われて来ました」と答える。

それで家まで送ってもらいました。

何かおかしいなと思いました。

家まで送ってくれると、秘書課長はうちの家内を呼んで、何かをゴチャゴチャ言ってから帰りました。

「何を言われた？」と聞いたら、

「あんまり怒りすぎたので、自殺してしまったら困るから気を付けて」と言われたそうです。

その心配を伝えるために、わざわざ秘書課長まで付き添いによこしたのです。

そうした配慮があるわけですね。

忠信《ちゅうしん》が死の縄目よりも強い

昔の教典の中に、「時には厳しく叱り、そのあと叱った者に対してさらなる愛を示すべし。汝《なんじ》は彼の敵だと思われないが為なり。しかりせば、汝の忠信が死の縄目よりも強いことが、つまり彼に悟るべし」という句がある。

まさにその通りだろう。

叱った直後に、さらなる愛と思いやりを示すからこそ、相手の心もひらき、関係がさらに強固になる。

そして、心の問題、哲学の問題、基本的な考え方の問題でない限り、褒めるべきところを大いに探し、相手を認め、感謝を伝えるようにしよう。

とても大事なことだと思う。

経営者は、スポーツコーチのようなものである。
親もまた、スポーツコーチのようなものである。

優秀なスポーツコーチは、選手がうまくできていないのに、褒めることはしない。しかし、うまくできたときには、必ず褒めるようにしている。

反対に、チームを裏切るような行為、つまり哲学や心が曲がったときには、厳しく叱らなければならない。

それ以外は、具体的なやり方を指導するばかりである！

これはひとつの人間関係の秘訣にもなるが、最後は必ず最高の気持ちにすることが肝心である。

だから、叱ったあとは、必ず褒めるところを探す。
その人に価値をおいているということを示す。
愛の絆は死よりも強いものである。

経営は、この愛以外の何ものでもないだろう。
親業は、この愛以外の何ものでもないだろう。
人の心をひらく道は、この愛以外の何ものでもないだろう……。

◆やり方よりも考え方の問題が大切。
◆本当に愛があるかどうかは、誤魔化しが効かない。
◆経営者も親もスポーツコーチと同じである。
◆愛の絆は死の縄目よりも強いものである。

人を信頼しよう！

事業経営などにおいても、悠々《ゆうゆう》とやりながら成功している人もいれば、見ていて気の毒なほど一生懸命に仕事しているのに、もうひとつ業績があがらないという人もいる。

そして、その原因は多くの場合、人の力をうまく使うか、使わないかにあるように思われる。

自分の力だけに頼ろうとすると、それには限りがあるから、いくら時間を使っても、十分なことはできない。仮に人を使うにしても、全部見ようとして、細かいところまであれこれ口出ししたり、指図したりしていたのでは、部下の方もわずらわしくて、意欲を失ってしまう。

結局、労多くして成功なしということになりがちである。

人間はある程度責任を与えられ、仕事を任されると、だいたいにおいて、その責任を感じ、自分なりの創意工夫を働かせて、それを遂行していこうとするものである。

だから、指導者は、大綱《たいこう》というものをしっかりつかんだ上で、基本的な方針を示して、あとは他の人びとに責任と権限を与えて自由にやらせるという行き方が望ましい。

それによって、それぞれの人の知恵が自由に発揮され、全体として衆知が集まって仕事の成果もあがってくる。

松下幸之助（『指導者の条件』より編集）

自己達成予言を活用せよ

心理学には、「自己達成予言」という言葉がある。

そうだと思っているから、そうなってしまうという現象である。

そうだと思うから、そうなる。

そうだと言うから、そうなる。

不思議といえば、不思議だろう。

しかし、人間が無意識にもつ計り知れない力を少しでも考えるとすれば、何も不思議なことではない気もする。


簡単な例で紹介しよう。


子供の頃、私はスポーツが好きで、野球をやっていた。

そのために、夏期休暇をいつも楽しみに待っていた。

しかし、そこに問題がひとつあった。

当時の私は、スポーツ選手らしくみえないのだった。

野球はチームスポーツであり、どの選手が試合に出るかは、コーチが決める。

そして、コーチは自分と変わらず人間であるため、多くの偏見や思い込みをもっている。

コーチは私を見て、スポーツ選手らしくみえないから、「下手だろうな」と考えるわけだ。

だから、試合には出してくれない。

試合に出られないから、経験を積むことができない。つまり、上達する機会がもてない。試合に出してもらえる日が来ても、当然ながら成績は芳《かんば》しくない。今まで、試合に出ていないし、経験が浅い。

だから、安打にならなかったり、うまくボールをキャッチできなかったりする。

すると、どうなるだろうか？

コーチは、「ほら、思った通りだろう。やはりこの選手はダメだ！」。

自己達成予言なのだ。

自分がそう思っていたから、そうなるように自分で仕向けたまでである。

高校生になったとき、違うスポーツに挑戦してみた。

レスリングというスポーツだった。

アメリカでは、レスリングは、高校時代からスタートする選手がほとんどで、みんなが同じスタートラインに立っていることになる。

レスリングは、とても興味深いスポーツだ。

なぜならば、コーチの意見などは、まったくといっていいほど関係がないからである。

練習部屋に入ると、壁にそれぞれの体重別階級のランキングが掲げてある。68キログラムの一線級、二線級、三線級。

当然、一線級になれなければ、試合には出られない。

新しくチームに入ると、自分の体重別階級の一番下におかれる。

コーチの意見は関係ない。

だれもが、下からのスタートである。

そこで、自分の上にいる三線級の選手よりも上手だと思えば、上がっていく方法はひとつしかない。

「あの人より、私は強いぞ！」と、みんなの前で宣言するだけである。

そして、その日の練習の終了後、試合をする。

勝利した方が上に行き、敗北した方が下に下げられる。

次の日に、また言う。

「二線級のアイツよりも、おれが強いぞ！」

そして、練習終了後、また試合である。

私はあっという間に、一線級になり、高校の代表選手になり、初年度は13勝1敗という記録を残し、高校卒業前に州大会の優勝チームのチームリーダーに選ばれていた。

スポーツ選手らしくみえないというだけで、スポーツ選手としての能力がなかったわけでは決してない。

多くの場合、私たちのマイナスの予言を外すだけで、人は大きく成長できる。

どう見えるかで判断しない

自分の会社の従業員をはたしてどう見ているだろうか？

元松下電器産業常務の浅野勇《いさむ》が松下幸之助と一緒に経験した出来事がこの原則をよく表している。

あっちにもこっちにも事業場ができるといういわゆる松下電器の成長時代のことです。

私の先輩のある営業所長が、あるとき松下相談役に「私のところは新しい事業場で、いろいろなところから人をもらっているんだが、どうもいい人が来ない。内容、素質すべてにおいて見劣りがしてならない。大変困っている。まったく悪い人が多いのには弱る」というような話をしたわけです。

それを耳にした相談役が顔色を変えられて、「松下電器の社員に悪い人はいない。また、もともとそんな悪い人を採用しているつもりはない。きみは悪い人ばっかりもらって困るというようなことを言っているが、松下電器には悪い人はひとりもいないはずだ」と、たいそう怒られたのです。

「悪い人がいるとか良くない人がいると思うこと自体がもうすでにダメだ。そんなことでき み、仕事ができるのか。

もしも、そういう劣る人があれば、その人を引き立てて、その能力を最大限に発揮できるようにするにはどうしたらいいかということを考えなければいけない。それを、新しい事業場だから来る人が皆良くない人だと決めつけてしまうようなことでは、きみ、いけないではないか」

ということで、ずいぶん厳しいお叱りを受けたことがあるのです。

私自身も、このことについて強く考えさせられる経験をしたことがある。

あるとき、指導している経営者たちと一緒にロシアを訪問していた。

そこで戦闘機に乗り、高度26キロの上空を旅するという貴重な経験を得た。

そこには、ミグ25という戦闘機がある。近宇宙まで行けるほどの優れものである。ふたり乗りの構造になっているから、われわれはひとりずつ搭乗し、後部座席にロシア空軍のパイロットが乗り、操縦を担当するという段取りである。

その日のパイロットはふたりいて、ひとりはロシア空軍ナンバーワンのトップガン。もうひとりは、ロシア空軍ナンバーワンのテストパイロット。

ふたりとも、腕はピカイチということはいうまでもない。

離陸し、26キロの高度まで上昇し、地球に帰ってくる。それで、37分間の飛行である。11トンの燃料を燃焼する。マッハ2・7のスピードは強烈である。飛行機というより、ロケットを背中に取り付けている感じである。

地上に戻ってから、メカニックたちは、飛行機の整備にあたる。

そこが、問題。

この整備士たちは、とてもではないけれど、軍人とは思えない格好である。ビール腹で、汚《きたな》らしいTシャツを着て、制服も着用していないし、規律のカケラもないようにみえる3人組だった。

その様子を見て、一緒に来ていた社長たちがつぶやき始めた。

「これはひどい！」

「うちの会社だったらこんなことは絶対に許さないよ。即刻懲戒解雇だな」

「ロシアの軍がこれじゃ、国は崩壊ですよ」

午前中数名が飛行を済ませ、昼食になった。

昼食を食べながら、ロシア空軍ナンバーワンのトップガンが言い出したセリフにみんなが仰天した。

「あの3人が整備していない飛行機には乗りたくないな」

社長たちの非難は日本語だったため、当然ロシア人たちに伝わってはいない。

このパイロットの褒め言葉は、普通の会話の流れで言っただけのセリフであった。

みんなが抗議しだした。

「え？　どうして？」

「それは、ミグ25の戦闘機を25年間無事故で飛ばしているのはあの3人ですよ」

どうみえるかではなく、何ができるのかが重要だというとても大切な教訓になった。


多くの経営者は、「いい従業員がいない」とか、「この仕事は自分でないとうまくいかない」とか、「自分でやった方が良い結果になる」というような理由で、毎日忙しくしている。

これでは話にならない。

そして、結局のところ、ただの自己重要感に溺れているというだけである。

自分は偉いと思いたい。
自分は一番できると思いたい。
しかし、そんなことは決してないし、あり得るはずもない。

あなたが生まれるはるか前から、世の中には会社がたくさん存在し、事業をうまくやっているし、あなたが世から姿を消してはるか後《のち》になっても、たくさん会社があって、うまく事業を行なうのだろう。

つまり、あなた以外にも会社をうまく経営できる人はいるし、業務をこなす人もいるし、あなたである必要は毛頭ない。

人は素晴らしい。
人はできる。
人は思いつかないような素晴らしい方法を考える。

プラスの予言が当たる！

偏見をもたず、人を直視するだけでもこれなら、自己達成予言をプラスの方向に使ったらどうなるだろうか？

最初から信頼し、できる人だと思い、自分の家族、自分の会社、自分の社会、この世界に悪い人はひとりもいないという前提で取り組むようにすればどうなるだろうか？


私はバスケットボールが大好きだ。地元のチーム「ポートランド・トレイルブレイザーズ」が２０１４年に準決勝まで進んだとき、その試合を現地のアリーナで観戦していた。

そのとき、となりの席に、相手のチームを応援するために、テキサス州から来た３人組が座っていた。ちょうど阪神タイガースのホームグラウンドの甲子園球場のバックネット裏で、読売ジャイアンツを応援するようなものである。ファン同士のあいだに緊張感が一瞬漂う。

そこで、ぼくは彼らに声をかけた。

「あなたたちは、とてもいい人たちのようにみえます。今晩だけ敵だからね！（笑）」

その一言で緊張が緩和されて、彼らと仲良く、冗談を交《まじ》えながら、一緒に試合を観戦できた。

いい人に見られると、いい人でいたい。

これは人間の自然な気持ちなのだろう。

人には無限の可能性がある

敵でもこれなら、尊敬しているリーダーから信頼されると、なおさらのことである。

その信頼に応えるために、命までなげうつ。


教育の仕事をしていて、いつも思うことがある。

人には、無限の可能性があり、何でも学べる、何でもできるようになれる。

そう思っていなければ、教育の仕事はできない。最初からムダだということになるではないか。


すべてのリーダーにこの同じ信念が必要なのだと思う。

部下の可能性、子供の可能性、市民の可能性、その良さを信じていなければ、結局教育はムダだと思い込み、指導もせず、ケチだけをつけて、統制のシステムばかりつくり、結局その人をダメにしてしまう。

その人がダメだと思うからダメになる。
自己達成予言にすぎない。

信頼するリスクよりも、信頼しないリスクが大きい

長い人生を生きていれば、信頼を裏切られることもあるかもしれないが、人を信頼しないコストを考えれば、その損失は些細なものである。

もちろん、ビジネスなどの場面では、ちゃんとした契約書を作成し、常識的な範囲で防衛策を講じるが、しかし人を信頼することに変わりはない。

そうすることで、相手の心がひらかれる。
最初から不信の目で見られれば、こっちも戦闘態勢に入る。
相手を陥《おとし》れる方法を考える。
ありとあらゆる邪心がわいてくる。

人を良く見よう。

そうすれば、良くなる。

自己達成予言だ。

私たちもその人が良くなるように仕向けることになる。

無意識のうちにそうなる。

そして、無意識は、意識の何万倍の力があるから、必ずそうなるだろう。


小さいとき、母の机の上に、ある言葉が貼ってあった。

それは、ある人の墓石に刻まれた言葉だった。

そこにはこう書いてあった。

「彼は人生に多くを要求しなかった。人生は彼の要求に応えた」

多くを信じ、多くを期待し、多くを要求せよ！

部下も同僚も自己達成予言。

家族も自己達成予言。
人生も自己達成予言。

現状ではなく、可能性を見ることにしよう。
多くを信じ、多くを期待し、多くを要求しよう。
相手はその要望に応えてくれるに違いない！

◆ 自己達成予言をみんなの前で宣言しよう。
◆ マイナスの予言を外してあげるだけで、人間は大きく成長できる。
◆ どう見えるかではなく、何ができるのかを重要視しよう。
◆ 良く見られると、良くなりたいと思うのが人間の気持ち。
◆ 人の良い点を見てあげれば、それだけ良くなってくる。

簡単に許そう！

何か失敗したり、問題が起こったりすると、だれでもその原因をとかく外に求めがちである。だれが悪い、彼が悪い、あるいは社会が悪い、運が悪いといった具合である。

しかし、実際は、ほとんどの場合、失敗の原因は自分にあると思う。事前に十分な計画を立て、行なう過程でも慎重な配慮を怠らなければ、たいていのことはうまくいくものである。

まして、指導者ともなれば、ほとんど100％その責任を自分に帰さなくてはいけないと思う。

かりに部下に失敗があったとしても、その部下がはたしてその任にふさわしかったかどうか、またそれをさせるについて、十分な指導なり教育をしたかどうか、そういうことを指導者としてまず反省してみることが大事だと思う。

もし部下に失敗があれば、部下を責める前に、まず責任はわれにありという意識をもつことが必要だと思う。

松下幸之助（『指導者の条件』より編集）

猿になっていないか？

あなたは、猿同然になっているかもしれない……。

ある南の島に猿が生息しているが、現地の人は昔から食料などにしている。その猿を捕獲するための罠をつくる。木に穴をえぐり、中に栗を入れる。栗は、猿の好物なので、猿はその栗をとろうと、穴に手を突っ込み、栗を握りしめる。しかし、拳《こぶし》をつくると、手が大きくなるので、穴から抜けられない。

解決策は簡単である。手放せば、そのまま自由になり、楽しい毎日を続けることができる。

しかし、どうしても猿は握った拳をあけようとはしない。

そして、命取りになってしまう。

それと同じように、**多くの人は、執念の拳を握りしめて、実質的に命取りになってしまっている。**

そしてその言い訳として、自分の惨めな現状はほかのだれかのせいであるというストーリーが好物だ。

毎日、それを食べている。

手放せば、一瞬にして自由になれるのに！

欠点を剃《そ》り落とした

ここで、松下幸之助がひとりの部下を許す物語を紹介しよう。

これは、元ナショナル宣伝研究所社長であった竹岡リョウ一（本名稜一）の経験したことである。

彼は、自分の都合で松下電器を辞めた人物だった。しかし、反省して復職を求めてきたのだった。戦時中の話である。

井植さん（当時の松下幸之助の側近）に会って、打ち明けたのです。

「私は戻りたい。また松下で働かしてくれませんか」

「いや、きみが勝手に辞めていったのだから、そううまいことといきませんよ」と井植さんが言う。

「ともかく長いあいだ考えて、どうしても戻るのだという決意があります。だから、〝ああ、そうか〟と言って、私は帰りませんよ。ともかくいっぺん社長に会わせてください。それで社長が『帰れ』と言われるなら帰りますが、今帰れと言われても、私はここに座り込んでやろうと思います」

そう言うと、井植さんも心が打たれたようで、「それでは、聞いてあげよう」と言って、スッと奥の社長室へ、入って行きました。そうしたら、社長が奥から「さあ、お入り」と言ってくれました。

私を見て、「なにか？」という社長に、井植さんが、「竹岡君が社に帰してほしいと言っております」と説明しました。

すると、社長は、「ああ、そうか。竹岡君ね、きみは、欠点の多い人間だったな」と、こう来ました。

「しかし、長所もあったな。欠点はあったけども、長所もあったな。きみの今のその姿を見ていると、頭は、それカミソリで剃ってきたのか。今まで、きみはモダンボーイで有名だったが、やっぱり今日は兵隊みたいな格好でやって来た」

「そのつもりです。ともかく産業戦士として、再び松下の工場で働かしてほしい。これからお願い申し上げます」

「分かった。分かった。今までの欠点を全部、頭の毛とともに捨てて、それで産業戦士として、日本の国のためにやろうという決意は、もう見たから分かった。よし、ちょっと待てよ」と言って、電話をかけ始めました。

昭和19年、乾電池工場の横に、電極工場というのがありまして、電極工場の支配人をしていた諏訪《すわ》さんに電話をかけられました。

「諏訪君な、竹岡君というのがいただろう。あれが辞めたのだけど、また働くと言ってきたから、きみのところに回すよ。ひとつ頼むよ」ということで、「もうすぐ行け。早《はよ》うすぐ行け」と言われました。

そのときの私の感動はたとえるものはございません。普通だったら、いったん辞めて、舞い戻ってくるとなると、「まあ、考えておく」とか、「ああ、人事部で検討しておくからな」とか、こういうことになるのが普通です。だいたいそんなものですよ。

しかし、即決です。バッと電話をかけて、「欠点が多い奴だ。しかし、それは反省をして、長所だけを出そう。それで、やり直そうという決意でいるから、きみのところで頼む」と言って、また再採用が決定しました。普通の会社の最高者として、こういうのはないと私は思うのです。

懲《こ》らしめも必要ですよ。ちょっともったいつける必要もありますよ。それを即座に目の前で言うべきことは言って、パッと行く先を決めて「早う行け」というのは、本当に感動でございました。

そのときに、私が考えたことは、この人のためには、死んでもいいという感じになりました。

今でも考えると、グッと目が熱くなるのです。

反対依存状態という罠

だれかを許せないと思っている人には、自由がない。

心理学の世界でいう「反対依存状態」に陥ってしまっているのだ。

「依存状態」の人は、相手がいないと何もできない。

言われた通りにする指示待ち族である。

「反対依存状態」の人は、言われたことと正反対のことをする。

「ママが、『部屋を掃除しなさい！』と言っていなければ、掃除しないこともないが、言われたからにはできない……」

この子供は、自分の自由を主張しているつもりでいるが、結局、依存状態に変わりはない。

自分はどうしたいのか、自分はどうすべきかではなくて、相手の行動、相手の言葉次第で、自分のやることが決まってしまっている。

それと同じように、敵をつくり、恨みを抱《いだ》き始めると、自分の行動が相手にどう影響するかが気になってしまう。仕返しになるか。相手を困らせることになるか。相手に罪悪感を抱かせる結果になるか。自分の立場をさらに正当化させることができるのか。

そして、そのストーリーは自分のアイデンティティの一部になってしまい、「治ったら困る！　良くなってしまったら困る！」という悲惨な状態を招く。

「両親がいろいろやってくれなかったから、自分の人生はズタズタだ」

「アイツが小学校のときに私をいじめたから、自信がもてない。アイツのせいだ」

「あの部長が評価してくれないから、昇進できない。全部彼が悪い」

こう言ってしまったら、もう成功はできない。

自分の心をとざし、人生をダメにし続けるしかない。

ズタズタのまま、自信欠如のまま、昇進しないままになる。

なぜならば、成功したり、幸せになってしまったりしたら、「相手が自分の人生をダメにしてしまった」というストーリーが壊れてしまうからだ。

無意識はウソをつかない

人間には、意識と無意識がある。

そして、無意識は意識の何万倍もの処理能力をもっている。

現実問題、自分のやることの95％以上は、意識的な選択ではなくて、無意識が仕向けた行動である。

そこで、無意識の最も大切な作用を説明しておこう。
それは、あなたの「一貫性」を保つことである。
簡単に言うと、〝あなたをウソつきにしてはならない〟ということだ。

「お元気ですか」
「まあまあです」

そう答えたら、無意識は、「ああ、そうか。まあまあにしなくてはいけませんね」と解釈し、あなたの生活をまあまあになるように方向づけるのである。

これはロンダ・バーンの『ザ・シークレット』などで説く「引き寄せの法則」が威力を発揮する理由のひとつである。

プラスを言えば、プラスを引き寄せる。
マイナスを言えば、マイナスを引き寄せる。

そこで、**だれかを許せないでいると、あなたの無意識が、そのストーリーは本当だという**

ことにしないといけない。

「その人は、私に傷を負わせた」と言えば、傷をもたないといけない。
「その人は、私の人生をダメにした」と言えば、人生がダメにならないといけない。
でないと、あなたはウソつきになってしまう。
それはいけないことだから、あなたの無意識があなたの人生をダメにし続ける。

自分の反応は自分の責任

もちろん、人生に良いことがいっぱい起こってほしい。
両親は愛情深く、理解力があり、時間も割いてくれて、裕福で、完璧であってほしい。
周りの友達は、優しく、友情をもって接してほしい。
上司などに、自分の仕事を正当に評価してほしい。
彼氏・彼女に誠実であってほしい。

しかし、そうでなくても、その人があなたの人生を決めるのではない。

あなたが決めるのだ。


出来事をコントロールするのではない。

その出来事に対する自分の反応をコントロールするのである。


悪い経験をバネにして成功するのも自由。

その経験からいろいろな学びを得るのも自由。

その経験から、自分はそうありたくない、そう思って自分を改善するきっかけにもできる。

その経験を忘れることもできる。


手放せば、自由になる。

人格障害か？　ノイローゼか？

心理学の世界はさまざまな病状を分析し、病名を確立し、その治療を行なっている。

しかし、究極において、大別すると精神病には2種類しかない。

人格障害と、ノイローゼのふたつである。

人格障害とは、自分の責任であるにもかかわらず、自分以外のだれか、または何かの責任だと思うことである。

「母に盗癖《とうへき》があったから、私もそうなったのさ」
「夫が浮気しているから、私は優しくなくなった」
「悪魔が誘惑したからやってしまったのだよ」

このいずれも人格障害の表れである。

ノイローゼとは、その反対の症状である。
つまり、自分の責任ではないのに、自分の責任だと思い込んでしまう。

「両親が離婚したのは、きっと私は悪い子供だったからだよ」
「夫が私を殴るのは、私が悪いのよ」
「干ばつになったのは、私たちが毎日祈らなかったからだよ」

このいずれも、ノイローゼの表れである。

人のやることはあなたの責任ではない。
自分の反応は自分の責任である。

この意味において、人を許さないということは、一種の精神病と呼ぶほかない。
結局人生の中の最悪の瞬間に執着し、それを手放せなくなった猿にすぎない。

背負ってはならない

昔の禅宗の法話に、こういう物語がある。

ふたりのお坊さんが散歩しているとき、川に行き着いた。
そこである女性が、渡れずに困っていた。
それを見て、お坊さんのひとりが、すぐ彼女のそばまで小走りして、彼女を背中に乗せ、
川の反対岸までおんぶしてあげた。

そして、そのまま道を歩き続けた。

それから、数時間経ったとき、もうひとりのお坊さんは我慢できず、叫び出した。

「あなたは何ということをする⁉　女性といっさい交わりをもってはならない身分じゃないか。女性に触れないという戒律じゃないか。なのに、あなたはああいうことをしている。どういうことだ！」

もうひとりのお坊さんは、微笑みながら答えた。

「あなたはまだあの女性を背負っていたのか？　私は川の岸で降ろしたのだよ」

万病の特効薬

こうしたとらわれない気持ちをいつも思い出すために、「ゲシュタルト療法」をつくり上げたフレデリック・パールズがセッションの前に唱えていた言葉を紹介しよう。

「ゲシュタルトの祈り」と呼ばれるもので、その簡単な言葉は、精神上のほとんどの問題を解決する力を秘めている。

あなたの心をひらくことになれば、これ以上の幸せはない。

I is I.
And you is you.
I am not in this world to live up to your expectations.
And you are not in this world to live up to mine.
I is I.
And you is you.
And if we should happen to meet,
It is beautiful.
And if not,
It cannot be helped.

私は私である。
あなたはあなたである。
私はあなたの期待に応えるために生きているのではない。

そして、あなたは私の期待に応えるために生きているのでもない。
私は私である。
あなたはあなたである。
そして、ふたりはたまたま会うことになったら、それは美しい。
でなかったら、それはやむを得ない。

人があなたから奪うことができるもので重要なものはない。
あなたの心を奪うことはできない。
あなたの人格を奪うことはできない。
あなたの選択の自由を奪うことはできない。
あなたの許可なくして、あなたを傷つけることはできない。

両親を許そう。
元彼氏・元彼女を許そう。
上司を許そう。
部下を許そう。

敵も許そう。
自由になろう。
そうすれば、自分の心がひらかれる。
そして、相手の心もひらかれる。
人生は今日から始まるものであるのだ。

◆相手の悪い言動は、自分の悪い言動の言い訳にはならない。
◆自分を偽らず「一貫性」を保つこと。
◆出来事をコントロールするのではなく、出来事に対する自分の反応をコントロールすること。
◆自分の心がひらけば、相手の心もひらかれる。

感謝をせよ！

だいぶ以前のことですが、体調を少し崩していたこともあったのでしょう、どうも精神的に疲れを覚え、気がめいって晴れ晴れとした気持ちになれずに日々を過ごしていたことがありました。

そんなある日、たまたま会った親しい友人に、「どうも最近は、何となく心さみしくて、ときどき世の中を悲観するような感じにおそわれるのだ。どういうわけだろうか」と、尋ねてみたのです。

すると、その友人は即座に、「それはきみ、憂鬱病《ゆううつびょう》だよ」と言うのです。

自分ではそんなつもりはまったくありませんでしたから、びっくりしましたが、しかし、そう言われてみると、あるいはそうかもしれないという気になりました。

そこで、「じゃあ、いったいその原因はどこにあるのだろうか」と、さらに尋ねてみると、「それは簡単だよ」ということで、次のような話をしてくれたのです。

「きみは喜びを知らないのだ。もののありがたさを知らないのだ。ぼくはそう思う。今のきみの境遇は、ぼくから見ればきわめて恵まれている。けれどもきみは、それをそう恵まれた結構なことだとは考えていないようだ。

そればかりか、きみ自身が生きていくために欠かすことのできないもの、たとえば空気といったものが、こうしてふんだんに与えられているということさえもありがたいと感じてはいないと思う。だからそのようなさみしさに陥るのだよ。

もしそのことに気づいて、ああ、ありがたいという気持ちになれば、この世の中は非常に楽しいものだということになって、少しくらい心をわずらわすような問題が起こっても、勇気凛々《りんりん》ということになると思うのだがね」

それを聞いて、なるほどと思いました。

改めて友人から言われてみると、確かにその通りで、自分がおかれている境遇にも、ときおり結構だという思いを感じることはあっても、そう深くありがたいことだとは思っていませんでした。

実際、私たちは、空気をはじめ、水、太陽など、大自然の限りない恵みを受けています。また、親や兄弟、先輩、同僚などの周囲の人や周囲の物、さらには先祖の遺産といったもののおかげで日々を過ごすことができているわけです。

ですから、そういうものに対して、感謝の気持ちをもつことは、人としていわば当然のことであり、忘れてはならない態度だと思います。

ところで、私自身もそうですが、人はとかくこれを忘れがちです。考えてみれば、実にありがたいことであるにもかかわらず、そのことに気づかない。そのためにかえって不平や不満をつのらせ、気分を暗くしていることが少なくありません。

結局、自分で自分の生活を味気なく、憂鬱なものにしてしまっているわけです。

感謝の心があって初めて、生きる喜びやゆとりも生じて、人と接する場合でも、いらざる対立や争いが少なくなるといったことにもなりましょう。

心が暗くなったとき、感謝の心を忘れていないか、自問自答してみる。人生を生きる大切な心得のひとつといえるのではないでしょうか。

松下幸之助（『人生心得帖』より編集）

思いが豊かになれば、人生も豊かになる

集中するものは拡張される。
これは天地自然の大法則である。

仏教には、因果の法則が説かれている。
つまり、原因のない結果はないし、結果のない原因もない。
原因があって、結果がある。
単純で理解しやすいものである。

多くの人は唯物論的な考え方で育っている。
唯物論の世界では、すべての結果に物的な原因があると考えられた。

しかし、量子力学の世界では、これは誤りだということが分かった。
すべての結果に物的原因があるのではなく、すべての結果にエネルギー的な原因があるのだ。

この観点からすれば、思いそのものはエネルギーであるから、結果のない思いはないということがすぐ分かるだろう！

そう、あなたの思いひとつひとつが、この天地自然における原因であり、それは刻々とあなたの人生における結果を生じさせている。

このことは聖書にも繰り返し述べられている。

イエス・キリストの言葉に、**「人は心に思うが如し」**という語句がある。

思いが乏《とぼ》しければ、その人は乏しくなり、思いが豊かであれば、その人はまた豊かになる。

もっていない物に集中し、それを嘆いていれば、もっていない物はふえる。

人がしてくれないことに集中し、それを批判していれば、ますます人の心がとじ、してくれないことがふえる一方である。

しかし、すでにもっている物、人のしてくれていること、与えられている良いものに集中し、それを感謝するようにすれば、それもふえる。聖書の言葉を借りて言うならば、「もっている者にはさらに与えられ、もっていない者は、そのもっているものさえ奪われてしまうであろう」。

感謝は王様の証《あかし》である。
気品の印である。
国王は自分の靴紐《くつひも》さえ結べない。
何もかも周りがしてくれる。
だから、自然に感謝の気持ちがわき、それを表現する。
勲章も授与する。
位《くらい》も与える。
人を認める。

しかし、暴君は、自己重要感に溺れてしまい、感謝を忘れ、エゴを主張し、滅びていく。

松下幸之助のお辞儀

この感謝の姿勢はいかに松下幸之助の習慣になっていたのかを表すストーリーを紹介しよう。

これは、元松下電器産業東京電子部品営業所長の河西《かさい》辰男の思い出話である。

確か、昭和39年か、40年頃だったと思います。名古屋で、ナショナル店会（チェーン店の会合）をやったのです。

そのときに、青木連合会長から、「松下会長、長いあいだご苦労さまでした。店会一同から記念品を差し上げたいと思いますから、お受け取りください」と言って、記念品を贈呈されたわけです。

そのとき、私はちょっと8ミリ（当時のフィルムを使用したビデオカメラ）が好きなものですから、当時また社内にもそういう映像を撮影するような機材がなかったので、8ミリを撮っていたのです。

それで、映像が出来上がって、家で観たときにびっくりしたことがひとつあったのです。

それは何かというと、松下相談役は記念品をいただいたその瞬間、「本当に永年ありがとうございます」と言って、ツカツカと壇の前へ出て行かれましてね、そしてお辞儀を3回もなさったのです。

普通だったら、1回でしょう。しかし、そこで3回もなさったことに対して、私はちょっとびっくりしたのです。

1回目は、「ありがとうございました」と実に丁重にお辞儀をされたときには、販売店さんも「おうおう、そうか」というような顔をしておられたのです。

ところが、2回目にまた丁重にお辞儀されたときにには、「いやいやいや、こっちこそお世話になりました」という、何かそういう電波が場内から発せられたような感じがしました。「いや、そうじゃない」と、「こちらこそお世話になりました」といった所作、お気持ちが伝わってきたのです。

それで、私はそこで終わりだと思ったら、またお辞儀をなさったわけです。

そしたら、今度は販売店さんの方々も座っておられないのです。立って、「いや、こっちこそ」と言うわけです。

松下相談役さんが、真心を込めて3回もお辞儀をなさったのを見たときに、これが松下電器のお客様に対する本当の精神でなくてはならないということを、実は教えられたのです。

1億円の作法の話

こういう感謝と礼儀を尽くすことについて、以前衝撃的な経験をしている。

あるとき、私は日本マクドナルドの役員会で講演するように頼まれた。

会議室で相談役以下65名のトップ経営陣を前に、2時間にわたり、コミュニケーションや信頼づくりについての講義をした。

出席者は大興奮状態であった。

心を大きくひらいたのだと思う。

彼らが毎日の業務に戻ってから、しばらくその講義の内容が話題の種だった。

そして、私の用いる少し特殊な用語も社内に飛び交うようになった。

そこで問題がひとつ出てきた。

その講演会に社長の藤田田《でん》さんだけが参加していなかったということである。

そして、社長がこの飛び交う会話についていけないようになっていた。

藤田社長が部下に問い質《ただ》した。

「皆が興奮気味に話していることはいったい何なのだね？」

「こうこう、こういうようなわけで、外国人の講師が訪れて講演してくれて、こういう素晴らしいことをいろいろ教えてくれたのですよ」という答えだった。

「そいつをここに呼んで来い！　私は直接話を聞きたいのだ」と社長が命じた。

これはもちろんウソである。

このウソを見分けることはとても肝心だ。

社長は私の話を聞きたいのではない。自分の話をしたいのである。大概そういうことだろう。

私は1時間のアポで、先方の本社を訪問した。

そして、藤田社長が私の話を5分間だけ聞いて、私は社長の話を55分間聞いてあげた。

「そうですね。そうですよね。私がいつもセミナーで言わんとしていることは、まさに今社長がおっしゃる通りのことです」

そのくらいしか口を挟む間《ま》はありっこない。

帰り際になって、社長室を出て、秘書課を通りエレベーターに向かった。そして途中で止まり、カバンを床に置き、社長に向かってお辞儀をした。

「今日はありがとうございました」

これは普通の営業マンのやることと若干違うのだろう。

普通の営業マンはカバンを持ったままお辞儀をしている。

しかし、それでは美しくない。

真心が伝わらない。


良いお辞儀の基本は手に何も持たないことだ！

私は以前、日本舞踊を稽古していたが、先生がいつも口を酸っぱくして叱ってくれた言葉

がある。それは、

「次を踊らないの！」

という言葉だった。

とても簡単な教訓である。

日本舞踊の場合、いろいろな振りがあり、そこで1回立ち止まって、かけ足をかけて、方向を変え、それからまた踊り出す。

しかし、下手な人は、このかけ足をかける前からすでに身体がねじれて違う方向に向かおうとしている。

そして、それは美しくないのだ。心が伝わらない。

焦らずに今一緒にいる人と一緒にいるようにしよう！
その人に感謝をしよう！

カバンを持ってお辞儀するということは、気がすでに次のアポに行ってしまっているということである。

心ここにあらずということになるのではないか。

そして、そこで私はもうひとつのことをした。

私の訪問で邪魔されたのは、社長だけではないはずだ。

藤田社長が会談しているあいだ、さまざまな仕事や業務が停止しているに違いない。

となれば、感謝すべき相手がほかにもいる。


自分の身体の向きを変えて、今度は秘書課の女性たちに向かってお辞儀をした。

「ありがとうございました」

皆が狼狽《ろうばい》したのである。

慌《あわ》てて立ち上がって、お辞儀を返すのに必死な様子だった。


これはどういう意味だろうか。

それは、ほかに社長を訪問している人たちからそのようにお辞儀とお礼をされたことがないということである。


翌朝、日本マクドナルドの人事部から連絡が入った。

「社長の鶴の一声で、あなたの研修を全社導入することになった」

という知らせだった。

うちの研修をするためにだけ、日本マクドナルドの本社で新しいセミナールームを建設することになった。

そして、その売り上げが1億円以上にもふくれあがった。


考えてもらいたい。

私はセミナー商品を説明していない。

売り込んでもいない。

研修の名前も言っていない。

そんなことはどうでも良かった。

ただ、**人の話を丁寧に聞いて、そして、皆にきっちりと感謝を述べて、お辞儀をしただけである。**

それで、社長が思った。

「この人の話なら、絶対に従業員のためになるはずだ！」

1回のお辞儀で1億円を稼いだのである。

全員に感謝を述べよう

感謝をしよう。

まず、身近な人から感謝をしよう。
夫や妻の働きに、口に出して感謝をしよう。
従業員に感謝を述べよう。
ねぎらいの言葉をかけてみよう。
心のこもったお辞儀をしよう。
家に配達に来る人に感謝を伝えよう。
レストランのウエイターやウエイトレスにも表現しよう。
タクシーの運転手に「ありがとうございます」と言ってみよう。

しかし、そこで終わってはならない。
忘れられている人たちを思い出そう。
見えないところで努力してくれている人たちがいっぱいいるはずである。

今日の昼食をひとつの例にとってみよう。
それを食べるために、何人の働きが必要なのだろうか？

食物を育てる農家がいる。
その農業の機材をつくる人もいる。
そのための材料を得るために、地球の奥深く鉱山で働く人もいる。
それを精錬する人もいる。
トラックの運転手もいる。
トラックをつくる人もいれば、設計する人もいる。販売する人もいる。
燃料をつくるために、油田を掘る人もいる。
船の乗組員もいる。
港で働く人もいる。
保険会社の従業員もいる。
スーパーを経営する人もいれば、その建物を設計し、建設する人もいる。
電力会社も加わっている。
つまり、今日の昼食を食べるために、軽く１００万人の働きが必要とされる。

全員に感謝をしよう。

ビジネスにおいても、感謝をしよう。
商品を買ってくれるお客様に感謝をしよう。
毎日働いてくれる従業員に感謝をしよう。
無理な注文を受けてくれる仕入れ先に感謝をしよう。
事務所を貸してくれる地主に感謝をしよう。
支持してくれる家族に感謝をしよう。
空気や水をタダで与えてくれる天地自然に感謝をしよう。

災難もありがたい

しかし、それだけではない。

クレームをぶつけて、怒ってくれるお客様にも感謝をしよう。改善する機会になるからである。

辞めていく従業員にも感謝をしよう。今まで労働してくれているし、会社に新しい血を取り入れる機会を与えてくれているからである。

残業をしたときに文句を言う家族にも感謝をしよう。生活のバランスをとる必要があるということを思い出させてくれるからである。

天変地異を起こしてくれる天地自然にも感謝をしよう。人生は短く、もろく、生を与えられているあいだ精一杯生きる必要があるということを教えてくれているからである。


そして、何よりも、神様に感謝をしよう。

毎日、心の中でも、声に出しても、その感謝を述べよう。


命が与えられている！

この素晴らしい時代に生きることができている！

奇跡としか言いようがない身体と脳を授かっている！

空気がある！

水がある！

美しい地球がある！

先祖がいる！

無限の可能性をもっている！

感謝の空間を設ける

松下幸之助が、この根源に対する感謝を述べるために、真々庵の庭にも、ＰＨＰ研究所にも、そしてパナソニックの本社にも根源の社《やしろ》を建てた。そして、定期的にそこにお参りしている。

私たちも、すぐに、感謝する空間を設けよう。

すべてが感謝のみである。
もっているものに感謝するから、もっているものがふえる。
今のお客様に感謝するから、お客様がふえる。
やってもらっていることに感謝するから、やってもらえることがふえる。

簡単な行動であるが、何よりも、自分の心、人の心、社会の心、そして天地自然・神様の心をひらくことになり、天の恵みがあなたの生活に降り注がれるはずである。

◆お辞儀の基本は、手に何も持たないことだ。

◆集中するものは拡張する。

◆お客様への感謝がお客様を増やし、やってもらうことへの感謝がやってもらえることを増やす。

◆感謝する空間を設けよう。

PART

4

社会の心をひらく

共存共栄

松下幸之助

模範になろう！

立派な教えを説くことは大事である。それによって、人びとに正しい道を歩ませ、世の中をより良いものにしていくのだから、うまずたゆまず説かなくてはならない。

しかし、同時に大切なのは、それを身をもって実践し、範を示すように努めていくことである。

「百日の説法屁《へ》のひとつ」というようなことわざもある通り、どんなに良いことを説いても、そのなすところがそれと反していたのでは、十分な説得力をもち得ない。

指導者というものは、いろいろな形でみずから信ずるところ、思うところを人びとに絶えず訴えなくてはならない。と同時にそのことを自分自身で率先実践することが大事であろう。

もちろん、力及ばずして100％実行はできないということもあると思う。というより、それが人間としての常かもしれない。しかし、身をもって範を示すという気概のない指導者には、人びとは決して心からは従わないことを銘記しなくてはならないと思う。

松下幸之助（『指導者の条件』より編集）

先頭に立ってこそリーダーなのだ

社会の心をひらくには、まず何よりも先に重要なことがある。
それは言うこととやることを一致させることである。

第二次世界大戦のとき、アメリカのリーダーのひとりに、ジョージ・パットン将軍という人があった。
この人は戦車隊を率いたのだが、アメリカ軍にとってかけがえのない将軍でありながら、最前列の戦車の前に座って戦闘に臨んだりする。

自分の本部がドイツ軍から空爆を受けたとき、隠れたりするどころか、本部の前の通りに走って行き、短銃で敵機に向かって発砲する彼の姿があった。

部下から愛され、みんな命がけで彼の指示を履行しようとしたことは容易に想像できるだろう。

その姿に気迫がある

松下幸之助が80歳を超えても、従業員に模範を示し続けたというエピソードを紹介しよう。

元松下電器産業副社長の原田明がこう語る。アメリカのRCA社とのある交渉の際のエピソードである。


RCAとの交渉のときでした。実際には、ほとんど先方の言い分をお聞きになるという交渉なのですね。

私は通訳の立場ですけれども、ある程度は知っていますから、「どうか」と言われたときはこちらの言い分を言いますけれども、ほとんど向こうの言い分を聞かれていく。そうすると最後には、値段を負けてほしいということになるわけです。

こちらは「このくらい」と言っても、先方は「グッと負けろ。このくらいまでやらなければ商売に勝てない。だからそうしろ」と、こう言うわけです。

「松下の実力をもってすれば、最初のコストはこの程度でしょう。しかし、RCAが売れば数量がふえるのだから、このくらいまではいけるはずです」というのがRCAの言い分でした。

ラーニングカーブという言葉をRCA側は盛んに使いました。習熟曲線です。

「松下の習熟曲線は必ずこのへんまでいく、儲からないこともないはずだから、やってください。やらなければ、契約できません」と、最後はそこです。

交渉は長引き、夜中になり、相当遅い時間まで延々と続きました。

結局、私は松下相談役とともに部屋を出て、事業部を担当し、かつ一番現地に詳しくて、やれるかやれないかを決める山下社長と稲井副社長に、状況説明をしました。すると、それを相談役が聞いていて、山下社長と稲井副社長に向かって、一言「どうだ?」と言われました。そして、じっと見ておられた。

そうしたら、剛腹をもってなる稲井副社長が相談役に言われて、「仕方ないでしょうね」と、こう答えた。

もうそれで決まります。

それで、部屋に入って、「やりましょう」ということをＲＣＡに伝えたわけです。

そのときに、私が思ったのは、相談役は80歳を超えておられますけれども、とにかく「この交渉をまとめる」という気迫があった。

その気迫は相手にも通じますし、松下電器の方にも通じますから、必ずまとまるわけです。つまり、最後の段階は、年齢を超えた気迫というものをおもちなのです。

ほかの人があなたに従ってもいいのだろうか

模範になるということは、ほかの人があなたと同じようにしていいということである。

従業員がみんな自分と同じようにしていいということである。

子供が親と同じように振る舞ってもいいということである。

ほかの企業もみんな自分の会社と同じような商行為を行なってもいいということである。

これは道徳の始まりといえる。

みんながこうしていても大丈夫なのか？

企業がみんな環境汚染していたら、人間生活がダメになる。だから、自分のところもやっぱりやってはいけない。

人がみんな暴力をふるっていたら、自分も暴力を受ける対象になってしまうし、やはり良くない。

だれもが人をだますようなことをしていたら、人の話も、宣伝も、政治における約束も、食品表示も、教科書も、何ひとつ信じられるものはなく、社会が崩壊してしまう。

自分だけがやっていてもいいことなんて、ありはしない。

やはり、そのような都合のいい考え方というのは、不道徳というほかない。

素晴らしい人間社会を築き上げる道は、まず自分の行為から変えることである。

模範になり、「だれでもこういうふうにしていたらいいよ」というあり方を示す。

自分の行為もそうだし、自分の家族もそうだし、自分の会社もそうである。

このようにして、社会はこうあるべきだ、社会はこのような行動で繁栄する、みんなでこうしていこうじゃないかという姿勢を示すとき、社会の心がひらかれる。

ひとりでもそうしている人がいると、その輪が広がる。
その人の模範についていきたくなる。
希望がわいてくる。
可能性を感じる。

リーダーは先を行く人である。

先に行くということは、あとの人は後ろについてきてもいいということなのだ。
険しい道を歩むとき、リーダーの足跡《そくせき》に自分の足をおいて、それさえしていれば、安全に道を進むことができるという確信があるからこそ、ついていけるのだ。

お客様に対する接し方、部下に対する接し方、哲学と考え方、困難な状況に遭遇したときの態度や感情のコントロール、このすべてにおいて、模範となって、みんなが安心してついていけるようにする。

一番簡単なことが一番むずかしい

ここで、簡単な実験をしてみよう。

あなたが今までの人生において、思い入れを感じた会社を思い浮かべてみてほしい。この会社が社会から姿を消したら、困る、あるいは悲しいと思う会社。

何という会社だっただろうか？
そして、その会社の何が、あるいはどういうところがあなたをそのような気持ちにさせたのだろうか？

とにかく「サービス」がすごい！
いつも「品質」が優れている。
困っているとき、必ず「助けてくれる」。

いつも「革新」的な商品を打ち出してくれる……。

また、今までの人生において、あなたが深いリスペクトを感じた人も思い浮かべてみてほしい。

その人はだれだっただろうか？

そして、その人の何が、あるいはどこがあなたをそのような気持ちにさせたのだろうか？

その人は「親切」。

「思いやり」がある。

いつも、「助けてくれる」。

その人は、「正直」者で、必ず「約束を守る」よね……。

この質問の答えは、必ず正しい原則になる。

正しい原則に対して決意し、模範的な行動をとることなく、人からのリスペクトは得られ

ない。社会の心をひらくことはできない。

逆に正しい原則に則り、模範的な行動をとっていると、必ず人からのリスペクトを受け、社会の心がひらかれ、支持を得られる。

一番簡単なことであるが、一番むずかしいことでもある。

何歳になっても、どんなに大きな会社になっても、どんなに長いあいだ政権を握っていても、模範を示すということを忘れてはならない。

豪華客船に乗って学んだこと

模範を示す力を私に教えてくれた楽しい出来事を紹介しよう。

だいぶ前のことになるが、洋上研修のインストラクターを頼まれたことがある。日本随一の豪華客船を借り切って、東京・香港・シンガポール13日間というゴージャスな企画。

初日は、船上生活に馴れたり、避難訓練をしたり、研修生と知り合ったりと、大忙しだった。忙しいというのは、日本語で、「心が亡くなる」と書くが、その字の通り、何も考えないで、規定のスケジュールをこなすだけだった。

しかし、2日目になると、少し落ち着いて、自覚が芽生え始めた。そして、自分たちのやっていることに対していろいろな矛盾を感じ出した。

その夜、自分を含む若手のインストラクター4名が部屋に集合し、ビールを飲みながら、飲み屋でよく見かけるサラリーマン風の愚痴《ぐち》が始まった。

「この研修おかしいよ……」

「そう、そう。おかしいよ」

「こんな豪華客船に乗って、みんな寝間着にしていいような服を着て、日常問題解決技法を勉強しているぞ」

「そう、そう。絶対変だよ」

「ここまで来れば別にやることがあるだろうよ」

「そう、そう。まったくだよ」

「これはお客様に謝らなくちゃいけない」

「そう、そう。頭を下げて謝るのだよ」

こういう具合である。

どこの職場でもあることだし、まただれの人生にもあることだと思う。

自分のベスト以下のことに妥協し、それに対して矛盾を感じ、愚痴をもらす。

そして、一晩寝て、翌朝に目を覚まし、矛盾に満ち満ちた生活に戻る。

しかし、そこで問題があった。ひとり、シラフの人がいたということである。その人、つまり私はまったく酒が解《げ》せない人間で、ビールを飲んでいない。

酔っていないから、昨夜の愚痴大会の酔いが覚めていないままである。

「あれ、皆さんお客様の前に出て謝るんじゃなかったっけ？」

矛盾を指摘したら、矛盾は音を立てて、崩れてしまった。

私たち４人は腹をくって、お互いの研修室を順に回り、研修生たちに頭を下げて謝った。

「こんなくだらない研修をやらせてしまって、ごめんなさい」

いうまでもなく、これは事務局にばれてしまえば、一発でクビである。

引き続き、生徒たちに言った。

「研修はもういい。とにかく、この船でしかできないことを思う存分、経験するといい。それは何よりの勉強になるだろう。最後になったら、報告書のつくり方を教えてあげるから、ご心配なく」

思いついたことをとにかく実行しよう

自分たちで言うからには、自分たちで模範を示さなければならない。


そういう気持ちで、また部屋に集まった。

「どこからスタートしようか」

「そうね、むずかしい問題だ」

結局、自分たちも、上質な生活を送る術《すべ》を知らない。

「とりあえず思いついたことをやってみよう。何でもいいから。素直に自分たちの心、閃《ひらめ》き、インスピレーションについていこう。最後はダメだったら、所詮船の上のこと。あとは水に流せばいいのだ」

大変素敵な発想である。
ワクワクしてきた。

「じゃ、まず寄席《よせ》をひらこうよ！」
だれかが言い出した。

「だれが出るのだ？」
「おまえに決まっているじゃないか」
大学生のとき、私は落語研究会に属していた。白羽の矢が立った。

その船に和室がひとつあったから、それを借りて、ほかの先生や船のスタッフを招待して、寄席を開催した。
結果は大受けである。

「みんなに公開しようよ！」

またたれかが言う。

今度はグランドホールを借り切って、船の新聞に広報を載せ、350人以上のお客様に披露することになった。

そういうふうに、いろいろな楽しい企画を次から次へと実行していった。

20分踊り続ければ偉大なリーダー

数日経ったとき、デッキ・パーティーが開催された。

これは船でよくあることだが、食事は外のデッキで食べるようにセッティングされる。

しかし、デッキのスペースに限りがあるから、全員が同時には食事ができない。早番と遅番に分かれて実施される。

私は早番の組だった。

外で食事を楽しみ、こともなく終わった。

部屋に戻ってから、少し考えてみた。

「何もないというのはつまらない。もっと楽しむ方法があるはずだ」

そう思いながら、遅番のパーティーにもお邪魔することにした。

デッキに出たのはいいが、すでに食事を済ませているから、特にすることはない。周りを見回して、することを探した。

そこで、フィリピン人たちのバンドが生演奏を提供してくれていた。

「これだ！」と思った。

そして、その音楽に合わせて、皆のテーブルを回って、踊った。


笑いの種である。

「先生がおかしいぞ」

「おい、こいつ酔っぱらっているよ」

「恥ずかしくないか、やっぱりガイジンは変」

こんな具合である。

それにめげずに踊り続けた。

10分間くらい経ったとき、酒が入ったひとりのサラリーマン研修生が立ち上がり、一緒に踊り出した。

今度は、アホがふたりというわけだ。


そこから5分間経ったときのことである。

アイリーンという美人ウエイトレスが仕事を捨てて、一緒に加わった。

そして、それを見てうらやましい気持ちになった残りのお客様が立ち上がり、２５０人が後方デッキで踊り狂った。


スタッフはテーブルをどけるだけで精一杯だった。

そのまま、全員がグランドホールに流れ、総勢５００人の大ディスコパーティーと化した。どこからともなくハッピが出てきて、船長がお立ち台に上り、まったく収拾がつかない大騒ぎになった。


途中で、私はホールの横に行って、客観的に見つめてみた。

「これは私の引き起こしたことに違いないが、今となっては、私の力では止《と》めようがない」

そして、自分の引き起こした騒ぎを見て、もうひとつの思いがわき上がった。

「10分で踊りを止めていたら、私はただのアホで終わった。しかし、20分踊り続けたから偉大なリーダーになったのだ」

模範を示すのは、最初はしんどいこともあるかもしれないが、やがて、社会の心をひらき、自分で止められないほどの大きな動きを引き起こすことになるだろう。

社会は、あなたの行動とあなたの心の鏡である。

◆ **人の模範になるということは、ほかの人があなたと同じようにしても良いということ。**
◆ **素晴らしい人間社会を築き上げる道は、まず自分の行動から変えること。**
◆ **自分が尊敬している人を思い浮かべてみよう。**

教育に徹しよう！

私は、人間というものは、たとえていえば、ダイヤモンドの原石のような性質をもっているると思うのです。すなわち、ダイヤモンドの原石は、もともと美しく輝く本質をもっているのですが、磨かなければ、光り輝くことはありません。

まず、人間が、その石は磨けば光るという本質に気づき、一生懸命に磨き上げていく。そうしてこそ、初めて美しいダイヤモンドの輝きを手に入れることができるのです。

お互い人間も、このダイヤモンドの原石のように、見た目には光り輝くのかどうか分からない場合もあるけれど、磨けば必ず光る本質をそれぞれにもっている。

つまり、各人それぞれにさまざまな知恵や力など、限りない可能性を秘めている。そのことにお互いが気づいて、個々に、あるいは協力して、その可能性を磨いていくならば、人間本来のもつ特質・良さが光り輝くようになってきます。そこに世の中の繁栄も、人間の幸福も実現されてくると思うのです。

私たちは、この人間の偉大さというものに案外気づいていないのではないでしょうか。

むしろ、人間というものは「弱いもの」、あるいは「信頼できないものである」「自分勝手なわがままなものであり、争いを好むものである」といった見方に立っている。

そこに今日生じているさまざまな混迷のひとつの基本的な要因があるように思います。

お互いにこの人間の偉大な本質に目覚め、自信をもつということが大切だと思います。そして、ダイヤモンドの原石を磨くように、人間を本来の人間たらしめようと、これに磨きをかけていく。そうすれば、人間が本来もっている偉大さが花ひらき、そこには、きっと大きな成果があがってくると思うのです。

松下幸之助（『人生心得帖』より編集）

すべてが人によって、人のためにやっている

社会は人によって構成されている。

これは、当たり前のことであるが、意外と忘れがちになる。

会社だろうと、学校だろうと、政府だろうと、家族だろうと、人によって、人のために運営されている。

会社は、顧客のため、従業員のため、株主のため、コミュニティーのために運営され、彼らによって支えられる。

学校は、生徒のため、親のため、先生のため、将来の雇用先のため、コミュニティーのために運営され、彼らによって支えられる。

政府は、有権者のため、納税者のため、社会の弱者のため、子供たちのため、世界のコミュニティーのために運営され、彼らによって支えられる。

家族は、夫婦のため、子供のため、親戚の方々のために運営され、彼らによって支えられる。

すべてが人によって、そして人のためにやっていることなのだ。

したがって、その人というものを育成し、教育すること以上に尊い仕事はないし、これ以上に社会に貢献し、社会の心をひらくものはない。

人を育てることこそ最高の錬金術

昔、魔法使いたちのあいだに「錬金術」という言葉が流行した。

それは、鉛という無価値でどこにでもある金属を、金というごくめずらしく非常に高価な金属に変える技である。

「そんなことはできないよ！」と抗議するかもしれないが、意外とできることなのだ。

少し説明しておこう。

錬金術は、比喩表現なのである。

自然界を観察すると、万物は進化しているということが分かる。

今以上の姿になろうとしている。

宗教的な表現をすれば、すべてのものが完成し、浄化され、神様に近づこうとしている。


したがって、考え方としては、鉛は金になろうとし、炭素はダイヤモンドになろうとする。また、人間は、神々のようになろうとし、より完成した自分を求めている。

そして、そのプロセスを応援し、後押しすることが「錬金術」と呼ばれた。


別の言い方をすれば、「芸術」というふうに表現してもいいだろう。


なんでもない岩の中に美しい姿が隠れている。

その美しい姿が表に出てこられるようにすることは彫刻家の使命である。


そこで、**究極の錬金術は、人間の進化と成長を応援することであり、究極の芸術というも**

のは、その人の中に秘められている可能性を見抜き、その姿が出てこられるように教育し、コーチングし、成長する機会を与え、サポートしていくことであるのだ。

一緒にいれば、それは教育の機会

松下幸之助も常に従業員を教育し、育てる機会を探していた。

元松下電器産業東京電子部品営業所長の江端正一が次の思い出を紹介している。名古屋特機の営業所長時代、トヨタに講演に行くという松下幸之助に随行《ずいこう》したときの話だ。

ある空き地を見て、

「ここは何や」と訊かれました。

「ここはM地所さんの土地で、5階建てのビルを建てることになっています。向こうにはM電機さんがありますから、うちの製品の入る余地はないのです」

「きみな、M電機さんはバッテリーをやっていないよ。お願いにいったか」

また別のビルの前では、

「あそこは今折衝中ですが、ちょっと難航しています」

「どこの銀行が入っている?」

「S銀行さんです」

「そうか。また本社からもお願いしておこう」

といった調子でした。

さらに車が進んだとき、広々とした畑の中に、「テレビはナショナル」と書いた広告塔が立っていました。

「きみ、あの看板はだいぶはげているが、あれでは金を払って公害をまき散らしているようなものだ。なんで直さないのか」

「いや、あれは本社の宣伝部の管轄ですので……」

「きみはトヨタさんへ週2回も訪問しているのなら、往復4回も見ていることになる。なのに、なんで汚れに気がつかないのか。気がついたら、なんでそれを担当の人に言って直させないのか。きみはそれでも松下の人間か」

従業員と一緒に車に乗るだけでも、すべてが教育の機会となる。

人間の本当の可能性を知ろう

大学生のとき、世界の宗教を一般教養課程で勉強する機会を得た。そのとき、それぞれの宗教観の違いはもちろん学ぶが、それよりも共通点が目にとまった。そこで、最も心に残った共通点というのは、主だった宗教のすべてが、「人間は神の子である」という発想であった。

それについて考えたとき、すごく深い意味があるのだと思った。

人は神の子供だと考えるならば、人は神のようになれる性質を生まれながらにもっているということだ。

自分の目の前にいる人間は、どんなに未完成の人間であっても、それは価値がないのではなく、可能性がないのでもなく、ただ未完成というだけであり、これから成長し、もっと素晴らしいものになれる。

そして、その成長を応援する役割は自分にあると考えられる。

経営をしていると、当然なことに、最高の人材、即戦力になるような人材を探すわけである。

しかし、雇った人材を人財になるまで教育していくことも必須である。

実際にコンサルティング会社が調査した結果、ありとあらゆる投資の中で、最も回収期間が短いものは、人材教育の投資である。通常は、人の教育に投資したお金は数カ月間で取り戻せる。

にもかかわらず、ほとんどの企業は、業績が厳しくなると、まずカットするのが、この教育予算である。

人生は教育の冒険だ！

時代のニーズが高まり、より高い付加価値が要求されればされるほど、高度な教育水準が求められる。

だから、経営者として、ありとあらゆる機会に従業員を教育し、積極的に彼らの育成に投資をしなければならない。

また、自分の子供の教育もしかりである。

直接教えることもあるだろうし、応援することもあるだろうし、声援を送ることもあるだろうし、より完成した人間の姿を自分の模範を通じて教育することもあるだろう。

またみずからも、その人の優れたところを見て、ただうらやむのではなく、それも自分のひとつの可能性と見なし、その人から学ぶことにもなる。

自分もやはり「神の子」であり、無限に成長する可能性があるはずである。

そうなったとき、自分の一生涯は自己成長と他人を教育するための冒険となり、上辺《うわべ》の岩の下に隠されている美しい姿を見抜き、少しずつそれを削り、下に隠されている神と女神の美しい姿を表そうとする。

人が成長すると、社会が成長する。
人が美しくなると、社会が美しくなる。
人の心が崇高になれば、崇高な社会が生まれる。

そして、そのような開眼の活動、育成の活動、教育の活動に徹する者は、社会の心をひらき、無限のサポートを得られるようになるだろう。

◆究極の錬金術は、人の進化と成長を応援すること。
◆究極の芸術は人の中に秘められている可能性を見抜き、その姿が出てこられるように教育し、コーチングし、サポートしていくこと。
◆生涯というのは、自己と他人を成長させるための冒険なのだ。

社会に奉仕せよ！

企業は、社会の公器である。

したがって、企業は社会とともに発展していくのでなければならない。

企業自体として、絶えずその業容を伸展させていくことが大切なのはいうまでもないが、それは、ひとりその企業だけが栄えるというのでなく、その活動によって社会もまた栄えていくということでなくてはならない。

やはり、いわゆる共存共栄ということでなくては、真の発展、繁栄はあり得ない。それが自然の理であり、社会の理法なのである。自然も、人間社会も、共存共栄が本来の姿である。


企業が事業活動をしていくについては、いろいろな関係先がある。仕入れ先、得意先、需要者、あるいは資本を提供してくれる株主とか銀行、さらには地域社会など、多くの相手とさまざまな形で関係を保ちつつ、企業の経営が行なわれているわけである。

そうした関係先の犠牲においてみずからの発展を図るようなことは許されない。すべての関係先との共存共栄を考えていくことが、企業自体を長きにわたって発展させる唯一の道であるといってもいい。

松下幸之助（『実践経営哲学』より編集）

命があらん限り

牧師のC・T・ジェームズが、1856年に、英国農業協会の夕食会において、乾杯の挨拶で次のように述べた。「人間に役に立たない人生というのは、神様にとって喜びにはならない」。

まさにその通りだろう。

ノーベル文学賞を受賞したイギリスの劇作家、ジョージ・バーナード・ショーも、このように表現している。

「これこそ人生の真の喜びである。みずからが偉大と認める目的のために働くことである。

世界が自分を幸せにしてくれないと常に文句を言い続ける小さな病気と不平の塊ではなく、自然のひとつの力になることである。私が思うには、私の人生は、コミュニティー全体のものであり、命があらん限りそれに仕えることは、私の特権である。死ぬときになって、ことごとく使われ果てていたいのだ。働けば働くほど、私は生きるからである。人生はそのために喜ぶ。人生は、私にとって短い蠟燭《ろうそく》などではない。それは素晴らしい松明《たいまつ》であり、次の代にそれを渡すまで、できる限り赤々と燃やし続けたいのである！」

奉仕する姿勢。
仕える姿勢。
人の役に立つ姿勢。

社会の心をひらき、みんなの喜ぶ存在となり、その支えを受ける秘訣はこの姿勢にある。

３６０度の経営というもの

会社は、株主や経営陣のためにだけあるのではない。
それは、３６０度その会社を囲む利害関係者に仕えるためにある。

お客様の喜ぶ商品やサービスを提供し、従業員の生活も確保し、仕入れ先などにも働く機会を与え、資本提供者や融資先に正当な利益を分配し、政府に対して法律で定められた税金を納付し、自然の環境も保護し、イキイキとしたコミュニティーづくりに貢献をする。

政府は、政治献金をしてくれる利権団体や、自分に票を入れてくれる有権者のためにだけあるのではない。

それは、360度その国にまつわる人たちに仕えるためにある。

社会の強者と弱者の双方を平等に守る法律を制定し、強い経済を作り出し、裕福でない人たちの雇用創出を促進し、自然の環境も保護し、子供たちに教育の機会を設け、身体や精神にさまざまな障害をもつ人たち、少数民族や偏見の対象になっている人たちに対して社会に参画する機会を作り出し、国際コミュニティーにも貢献し、国同士の良好な関係を維持する。

社会が決定してくれる

松下幸之助の著しい成功も、結局のところこの社会の役に立つべきだという発想の結果だった。

元松下電器産業特別顧問・会長の髙橋荒太郎が次のように語っている。

松下相談役さんの方針で、松下電器はお金を銀行から借りるとか借りないとかは別にして、必ず半期の計画を銀行に出しています。そして半期の結果も出しているわけです。ですから銀行は分かっている。

それで、昭和29年の全国的に金融困難のときに、銀行へ相談役さんとお金を借りにではなく、挨拶に行きました。

その前に計画が出ていましたから、銀行の重役さんから、「松下電器はどこまで拡張するのですか」という質問があったのです。

そのときに、相談役さんが、言下に答えられたのは「それは私にも分かりません」という答えでした。

銀行の重役さん、皆、啞然としていました。

そのあとに相談役さんはこう続けられたのです。

「松下電器を大きくするか、小さくするかということは、社長の私が決めるものでもなければ、松下電器が決めるものでもありません。すべて社会が決定してくれる。

松下電器がよそさんに負けないだけの立派な仕事をして、消費者に喜んで使っていただけるような仕事をしていけば、もっとつくれという要望が集まってくる。その限りにおいては松下電器はどこまでも拡張しなければならない。

しかし、逆にわれわれがいかに現状を維持したいと考えても、よそさんに負けるような悪いものをつくって売っていたのでは、これはだんだん売れなくなって現状維持どころではない。縮小せざるを得なくなる。

松下電器を大きくするか、小さくするかということは、すべて社会が決定してくれる。

もちろん半期とか1年とかいう一応の見通しを立てた計画書は銀行にお出ししていますけれど、どこまで拡張するのかと言われると、これは分からないという答えしか出ません」

と言われたのです。

もらうよりも与える方が幸せな理由

この姿勢が容易でないことは百も承知である。

しかし、この姿勢のないところは、社会の生態系を壊してしまい、最後は排除される。

では、自分の心をひらき、チームのみんなの心をひらき、多くの障害を乗り越えながらもこの姿勢を貫くようにすれば、どうなるだろうか？

社会にとって必要不可欠な存在になる。

そして、危機に遭遇することがあっても、逆に社会は救いの手を差し伸べてくれる。

社会の心がひらかれれば、資源も潤沢《じゅんたく》に確保できる。

本当に役立つ会社であれば、政府が税金を免除したり、土地を与えたり、必要な免許を交付してくれたりするだろう。

東京ディズニーリゾートに千葉県が土地を提供しているのも、その良い一例だろう。

政府が本当に国民生活に貢献し、特定の利権団体だけではなく、みんなの幸せを考えながら運営していれば、国民は多少より高い税金を払う必要があっても、納得できる。

東日本大震災以降の復興特別所得税と法人税について、国民の理解がすぐ得られたのは、その良い例になるだろう。


「もらうよりは、与える方が幸せである」ということわざがあるが、結局は、もらいたいものを先に社会に与えるしかない。

安定したいのであれば、社会の安定に貢献することだ。
裕福になりたければ、社会の裕福に貢献することだ。
幸せになりたければ、社会の幸せに貢献することだ。

奉仕は、この地球に住む家賃である。
奉仕は、高貴の印である。
奉仕は、社会の心をひらき、あなたの夢をすべて可能にする。

自分のやっていることは、社会全体が喜ぶべきことだろうか？
今一度、それを考えてみよう！

◆ **奉仕する・仕える・人の役に立つ姿勢が社会の心をひらく。**
◆ **会社が大きくなるかどうかは、社会が決定してくれる。**
◆ **もらうよりは、与える方が幸せである。**
◆ **もらいたいものを先に社会に与えよう。**

大きなビジョンを示そう！

あらゆる経営について、「この経営を何のために行なうか、そしてそれをいかに行なっていくのか」という基本の考え方、すなわち経営理念というものがきわめて大切である。

国家に、「この国をどのような方向に進めていくか」という経営理念があれば、各界各層の国民も、それに基づいて個人として、また組織・団体としての進み方を適切に定めやすく、そこから力強い活動も生まれてくる。

また他国との関係にしても、しっかりした方針のもとに主張すべきは主張しつつ、適正な協調を生み出していきやすい。

ところが、そういう経営理念がないと、国民の活動もよりどころが見出せず、バラバラになりがちになり、また他国との関係も場当たり的になって、相手の動きによって右《う》往左往《おうさおう》するといった姿になってしまう。

したがって、一国の安定発展のためには、国家経営の理念をもつということが、何にもまして大切なわけである。

企業経営においても、それと同じことで、正しい経営理念があってこそ、企業の健全な発展もあるといえる。

松下幸之助（『実践経営哲学』より編集）

有意義な人生の原点

だれもが、有意義な人生を生きたいと考える。
大きなことを成し遂げたいと思う。
だから、大きな計画をもっているリーダーを探し求める。

個人のレベルでそうであれば、社会のレベルにおいてはなおさらのことである。

社会はリーダーを求めているし、素晴らしいビジョンを必要としている。

旧約聖書において、「ビジョンなきところに民は滅ぶ」という一句があるが、まさにその通りなのだろう。

建築家のダニエル・H・バーナムの言葉を、いつも思い出す。

「小さい計画を立てるな。小さい計画は人の心を動かす力がなく、達成されないであろう」

250年計画の感動

元松下電工会長丹羽正治《にわまさはる》が、松下電器が大きなビジョンをもつようになった日、1932年5月5日のことを次のように思い出している。

その日、松下幸之助は従業員に、生産に次ぐ生産によってこの世に物資を豊富に生み出すことにこそわれわれの尊い産業人の使命があると訴え、壮大な250年計画を発表していた。

大阪の中央電気倶楽部に、当時私ども全部で168名が参集をいたしました。それだけの従業員が参集して、当時の松下社主から私どもにお話があったのです。

非常に生々しい光景が未だに自分の頭に残っているのです。そのときにおっしゃった内容は、

「昨日までというものは、食うためにやったきたのが松下電器の経営だった。生活していかなければならない。食っていかなければならない。そして、金を儲けるためにやらなければいけないというような状況で、松下電器の使命はどうあるべきかといったことを考えることなしにやってきた。

幸いにして、皆さんの努力もあり、また仕事も恵まれたものだから、非常に順調に良くいくようになった。しかしよく考えてみると、生活のためにとか、金を儲けるための経営方針でいいのか……こういうことを自分で考えたのだ。

事業というのは、そんなものではない。人・物・金というのは、天下のものだ。それを使わせてもらって、うまく運営することによって経営をして、そして社会に役立つ。これが、本当の事業の使命である。そしてこの世に楽土を建設したい。

私はそれを、250年かけてやりたい。

もちろん、一世代では達成できない。人間が最も働ける人生の期間は25年と考えると、25

年ごとに、絶えずそういう人が中核になっていくようにして、250年いくのだ。そうしたときに、収益というものの考え方も変わって、社会からのお礼として収益をいただくのだ。自分が収益を得ようということではなく、社会が〝本当によくやってくれた。放っておくわけにはいかん。申し訳ない。松下さん、利益をおとりなさい〟ということでくれるのが利益だ」

こういうふうな意味のことをおっしゃったと思うのです。

世間から見た形はどうだか分かりませんが、このとき、松下電器の経営内容は精神的に大変革した。この日こそ真の意味のスタートだから、この日を創業記念日にしてしまおうと。

松下電器の創業は、一応大正7年だけれども、それはもうどうでもいいことだと。今、この使命をもってやると決意した。これがつまり創業記念日の意味であったというわけでございます。

昭和7年5月5日を創業記念日にすると宣言されたその場所で、私自身も、無我夢中で何か演壇に上がって言ったような気もしますが、われわれ青年の胸には、非常に意味が大きく、躍動したものがございました。

世界は無分別な人たちによって動かされる

多くの人は、ここで間違いを犯す。
自分の力で大きなことができそうにないから、小さい計画を立ててしまう。

しかし、その小さい計画は、自分の心に感動を与えないし、周りの人たちの心にも響かない。

だから、結局は、だれも動かないし、事が進まない。

リーダーと呼ばれる人は、人を驚かすような大きなビジョンを打ち出す。自分もビビるような計画を打ち出す。

すると、自分の心もワクワクし、躍り出す。
毎日、そのビジョンのために働きかける。
毎日、そのビジョンを人に語りかける。

みんなをそのビジョンに向かわせようとするし、参加を呼びかける。
すると、周りの人の心も動く。
そして、やがて、社会全体が心をひらき、そのビジョンの達成を支えることになる。

ジョージ・バーナード・ショーの言葉で表現すると、

「分別のある人は、自分自身を世界に適用させる。無分別な人は、世界を自分自身に適用させようとし続ける。したがって、すべての進歩は、こうした無分別な人にかかっている」

社会を変えようとするくらいのことをしようとしているから、社会を変えるにいたる。

この大きなビジョンは、さまざまな形が考えられる。

社会の食文化を変えるような夢でもいいだろう。
新しいスポーツを広め、人びとの美と健康に貢献するような夢でもいいだろう。
新しい施設の建設でも良く、団体でも良く、法律の制定でもいいだろう。
言葉を広めたり、哲学を広めたり、不正を糺《ただ》したりするような夢でもいいだろう。
新しい技術とその活用でもいいだろう。

そこで大切なのは、その夢は大きく、そして大いに社会の役に立つということなのだ。そしてまた、それは自分自身が真心から大切に思い、どうしても成し遂げたいと思うものであるということだ。

自分の力の範囲を超えていることは当然だろう。
周りの人たちの能力を超えているのも常なのだと思う。
協力の輪を広げ、社会全体を巻き込み、みんなの支持を受けて初めて実現される。

しかし、大きくて有意義で、大いに役立つものであり、自分の熱意も伝われば、社会が保有するすべての資源がその実現に利用できる。

すべての財産にアクセスできる

あるとき、インドの聖人がテレビのインタビューに答えていた。
本人と、そのインタビューを行なう記者とでは、品格の点であまりにも開きが大きく、見る人は違和感を覚えるほどだった。

そこで、記者は小賢《こざか》しい質問をして、なんとかこの聖人を困らせようとしていた。

しかし、悟りをひらいている人、心を完全にひらいている人というのは、困ってはくれない。

記者は質問した。

「信者の話などを聞いていると、かなり財産をもっておられるというような話を伺うことがあります。そこでお聞きしましょう。ずばり、いくらおもちですか？」

答えが返ってきた。

「全部！」

世界のお金のほとんどが銀行に眠っている。

そこで眠っていたのでは、何の価値もない。

使われて初めて、お金が生きる。

そして、そのお金はすべて有意義なプロジェクトを探し求めている。

生きるために必要なことだ。

そこで、十分な価値のあるプロジェクトが打ち出されれば、そのお金は融資となり、資本金となり、寄付金となり、動き出す。

だから、自分が本当に社会のためになることをやろうとしていさえすれば、世界のすべてのお金、すべての財産にアクセスできる。

大きなビジョンさえあれば、世界のすべての財産をもっているのと同じである。

しかし、そのビジョンをもっていなければ、世界のすべての財産をもっていたとしても、それは銀行で眠っているだけであり、死んでいるのと同じである。

そして、自分の財産は結局そこで大きなビジョンをもつ人のプロジェクトを探し出そうとするに違いない。

大きなビジョンが必要である。

人間の心が常に探し求めている。

そして、協力の輪を広げ、それを実現させることも可能である。

無税国家ってあり？

松下幸之助が、自分の人生や自分の会社のために、大きなビジョンを掲げたことはいうまでもないだろうが、常に国や社会のビジョンも考えていた。

たとえば、「無税国家論」というものを打ち出している。

「税収不足、赤字財政が問題になっている現状からすればまさに夢物語に思えるかもしれないが、企業の中には、本業での懸命な努力を続けながら、利益の一部を営々《えいえい》と積み立て、それによって配当金ぐらいは十分にまかなえるところも少なくない。

この手法を国家経営にも生かすべきである。そのためには行政のあり方を抜本的に見直し、徹底的に合理化・効率化をはからなければならないが、お互い国民の知恵と努力を寄せあえば必ずできるだろう。今後20年間をそのための研究・準備にあて、21世紀の終わりにはぜひともそのような国家を実現したいものである」

衝撃的な発想であるが、何という先見の明だろう！

PART4 社会の心をひらく

国を運営するために、当然お金は必要である。

しかし、そのお金の根源は、はたして税金でなければならないのだろうか？

松下幸之助の打ち出したビジョンにおいては、そうでない。

国を会社と同じように運営したら、どうなるだろうか？

日本国には、国土など、多くの財産があるではないか。

そして、それを適切に運用するようにしたら、税金を1円たりとも徴収せずに、国の運営が成り立つという試算ができた。

こういう発想転換や、ビジョンを打ち出し続ける姿勢は、リーダーの証ではないだろうか。

現実問題として、アラスカ州では州の財産の運用で得ている利益を活用して、州税を廃止し、州の住民に配当金を払っているという例もある。

私には夢がある

ビジョンをもった上で、みんなの心をひらき、賛同を得るためには、まずあなた自身がその夢の実現を決意し、そして一貫性をもって、その夢を語らなければならない。


1963年8月28日、ワシントンD.C.に87万人の人が殺到した。

黒人もいれば、白人もいる。

年寄りも子供もいる。

彼らはみんな、あるひとりの指導者の言葉を聞くためリンカーン記念館の前にある大広場に集合した。


その指導者は何回も逮捕されている。

暴力も受けている。

暗殺計画の対象にもされている。


しかし、それでも屈せず、引かず、あきらめず前へ進んでいる。

自分の民の自由を求めるその手を緩めずに、平和な戦いを繰り広げ続けていたのである。

いうまでもなく、マーティン・ルーサー・キング牧師だ。


その前の晩、ほかの黒人公民権運動の指導者たちとホテルで会合をひらいた。

この二度とない、大きなチャンスを最大限に活かす戦略を練るためだった。

キング牧師のスピーチの一語一句を吟味し、細かくチェックし、みんなの意見を聞き、最高の原稿にしあげた。

そして、夜中に作業を終え、皆が床に入った。


あくる朝、キング牧師が壇上に上がり、語り始めた。

歴史的な出来事としてだれにも受けとめられていた。

しかし、キング牧師にとって、不十分だった。

どうしても、今日、この自由への思い、自分の夢を全国民に通じさせなければならない。

開始から11分が経ち、スピーチの後半に入ったときのことである。

突然、彼が大きな間をおいて、そして明らかに声のトーンが変わった。

聞く人の身体に電気ショックのような衝撃と戦慄が走る。

87万人の参加者のみならず、テレビで見ている全国民が一瞬にして、釘付けとなった。

と同時に、黒人公民権運動の指導者たちは全員同時に内心パニック状態に陥った。

キング牧師が原稿を捨てたからである。

「I have a dream...」（私には夢がある……）

こんな言葉は昨夜の原稿にはなかったはずだ……。

そこからの5分間の演説が世界の流れを変え、黒人に平等な社会参入の権利を勝ち取らせた。

それは、一貫性（思い、言葉、表情、声、イントネーション、ボディーランゲージのすべてが一致した状態）がとれたからである。そして、**一貫性のあるリーダーからのメッセージはだれも無視できない。**

あなたの夢は何だろうか？

あなたの一貫性と大きなビジョンは社会の心をひらく。

◆小さい計画を立てるな。小さい計画は人の心を動かす力がなく、かえって達成されないものだ。

◆リーダーと呼ばれる人は、人を驚かすような大きなビジョン、自分もビビるような計画を打ち出す。

◆大きなビジョンさえあれば、世界のすべての財産をもっているのと同じである。

◆まずあなた自身が自分の夢に対して決意し、そして一貫性をもってその夢を語らなければならない。

PART

5

正しい生き方へ

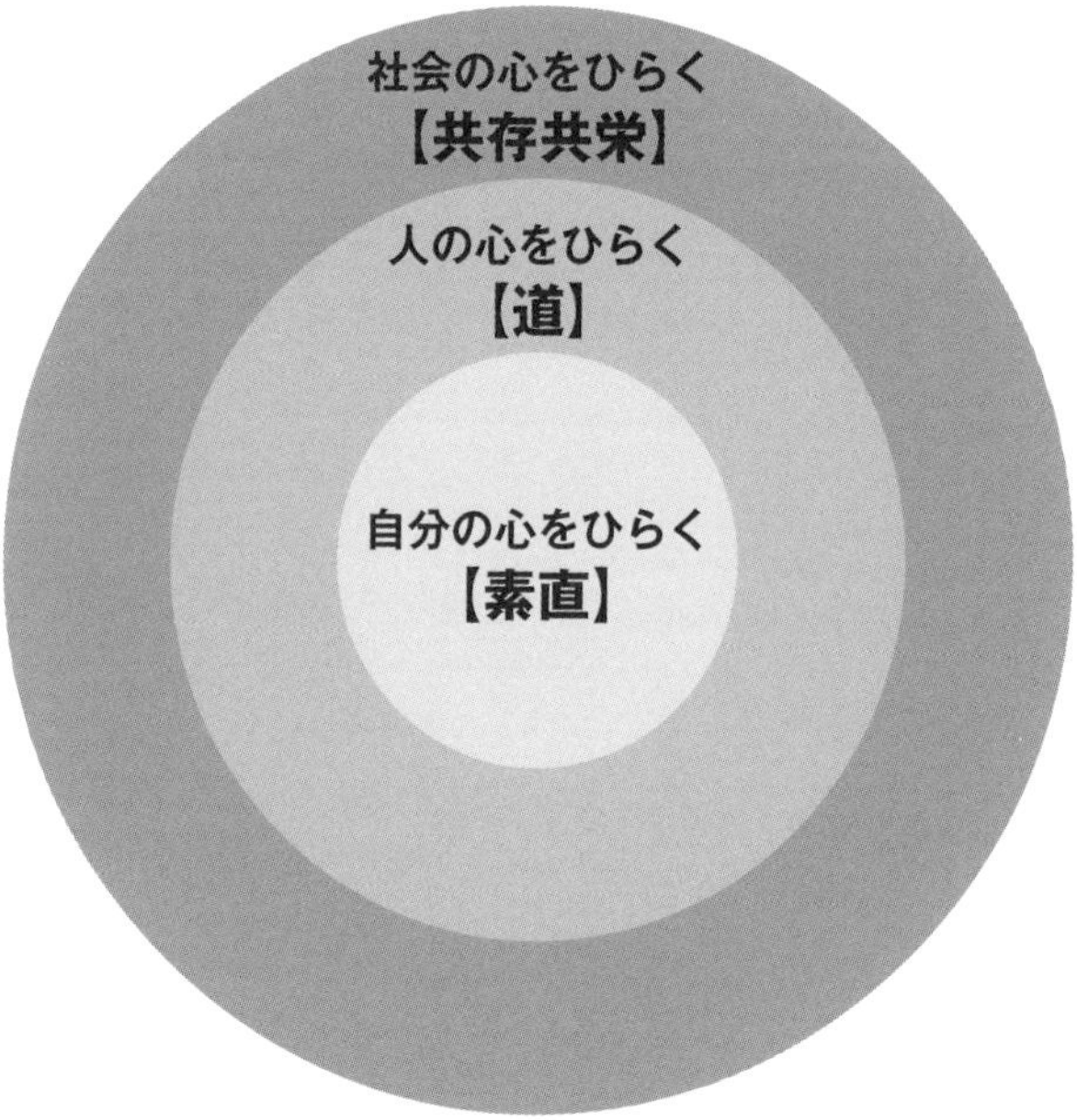

すべてが可能に

ナポレオンの有名な言葉に、「余の辞書には、不可能という言葉はない」というのがある。

これは一見まことに不遜な言葉のように思われる。早い話が、人間、自分がいつか死んでゆくのをどうすることもできない。不可能なことはいくらでもあるし、見方によっては、人間に可能なことの方が少ないともいえる。

実際、そういったナポレオンみずからが、ロシアに遠征《えんせい》して散々な目に遭い、さらに連合軍に敗《やぶ》れ、絶海の孤島に幽囚《ゆうしゅう》の身となって、悲運のうちに死んでいるのである。

だから、不可能はないなどというのは、単なる自惚《うぬぼ》れの言葉にすぎないというのもひとつの見方だと思う。しかし、考えようによっては、これはやはりひとつの真理をついた言葉だといえるのではないだろうか。

なるほど、人間には不可能なことがたくさんある。それではどういうことが不可能かといえば、いわゆる天地自然の理に反したことができないのである。

たとえば、人間いつかは必ず死ぬというのが天地自然の理である。だから、それに反して不死をいくら願ったところでそれは絶対にかなえられない。

けれども、そのことは逆にいえば、天地自然の理にかなったものならば、すべて可能だということである。

たとえば、事業というものは天地自然の理に従って行なえば必ず成功するものだと思う。

松下幸之助（『指導者の条件』より編集）

正しいことをせよ

松下幸之助の世界に触れて、一番感じたことは、心をひらけば、不可能なことは何もないということだった。

そして、その心をひらくということは、小賢しいテクニックや、学問、肩書き、地位などとは関係がないことだということである。

これは、やはり人間力であり、自分のあり方であり、思いであり、そうした意味合いからすれば、だれにでもできることなのだと思う。

素直な心をもち、正しいことをし、天地自然に順応し、人のため、社会のためになることに打ち込む。感謝や信頼を忘れず、逆境にあっても、それを受け入れて、吉に変える。

これは毎日のチャレンジであり、しかし考えてみれば、とてもシンプルであり、実践しやすいことである。

天地の理法、自然の法則、原理原則、言い方はいろいろあるが、偉人は口を揃えて、結局同じことを言っている。


自然には勝てない。

原則を逸脱したら、衰退していく。

ヒュブリスに負けるな

ギリシャ神話の中に、繰り返し出てくるテーマがある。それは、「ヒュブリス」という言葉に表される。

その意味というのは、傲慢であり、思い上がりであり、自分は神々よりも上だと考えることである。

そして、このヒュブリスに憾《かま》ける人は、必ず悲惨な最期を遂げる。

素直な心は、天地自然に背《そむ》かず、その理法を知り、それに合わせる、それに従うということである。

以前にキリマンジャロを登山する機会があった。

そこで、日本一の登山家からアドバイスをいただき、準備して、タンザニアに向かった。

登山家から学んだ最も大切な教訓というのは、自分は山よりも偉大にはなれないということである。

勝手に山に登れるのではない。

山が許してくれる日には、登頂できる。

許してくれない日には、登頂できない。

山の言い分を無視して登ろうとすれば、死が待っている。

必要な準備をせずに登ろうとすれば、死が待っている。


キリマンジャロには、ホロンボハットという場所がある。標高3780メートル程度のところで、富士山のてっぺんより4メートルも高い。

そこまで登って、1日滞在し、標高慣れをする段取りになっている。

そこの山小屋で、ともに夕食を食べて会話を交わした人がいた。

翌日、その彼は、遺体で運ばれた。

準備をせずに、登ろうとしていたのである。


自分のやっていることは正しいだろうか？

原則にかなっているだろうか？

天地自然の心に見合っているだろうか？

無理していないだろうか？
妙に力が入っていないだろうか？
強制しようとしていないだろうか？

原則に沿っていれば、そこに険しさがあっても、むずかしさがあっても、無理はない。道は必ずひらかれる。

みんなが天命を待っている

ここまで見てきたように、天地自然の理に背かず、自分・他人・世間の心をひらくようにすれば何でも可能になるが、そこで何をするのだろうか？　何に自分の人生をかけていくのだろうか？

日本語に「使命」という言葉がある。これは最近「ミッション」というふうに表現されるが、この「使命」という漢字を見つめてみていただきたい。

使命とは、「使わされた命」とも読み、「命を使う」とも読める。

つまり、根源からわれわれが生じ、その根源から使命を与えられ、ここに遣わされているという意味である。

そして、その使命は決して自分のことだけではなく、周りを幸せにすることにある。

松下幸之助の最大の転機は、自分の使命を発見し、会社を単なる事業ではなく、人生をかける価値のある大業《たいぎょう》と見たときだった。

世界大恐慌の危機を乗り越えたばかり、1932年のことであった。

松下幸之助は、知人の熱心な勧めを受けて、ある宗教団体の本部を訪問することになった。

そこに行って、目にした光景に愕然《がくぜん》とした。

新しく教祖殿というものを建築している最中だったが、現場の作業員全員がそこの宗教の信者で、無償の奉仕で働いているのだった。そして、なんともいえず、みんながイキイキとしていて、表情は喜びに満ちている。仕事を苦にしている様子はどこにもない。現場にチリひとつ落ちていない。みんなが使命感に燃え、体当たりで事にあたっているのを感じ取れた。

帰りの車中、松下幸之助はその景色が頭から消えないし、夜になっても興奮がおさまらず、眠れないほどだった。

「何という繁栄ぶりか、何と立派な経営か。不景気で倒産が出たりするわれわれの業界と大変な違いじゃないか。どこが違うのだろう？　宗教の仕事とはいったい何だろう？

宗教は悩んでいる多くの人びとを導き、安心を与え、人生を幸福にしようとする、いわば『聖なる事業』である。しかし、われわれの仕事もまた、人間生活の維持向上に必要な物資を生産する『聖なる事業』ではないか。

人間生活は、精神的安心と物の豊かさによって、その幸福が維持され、向上が続けられる。よく考えれば、どちらも世の中に必要なもの。いわば、車の両輪のようなものだ。

事業はその一方の『物』を、宗教は一方の『心』を受け持っている。

心の方の製造元は、繁栄そのものなのに、物の製造元の方は、さまざまな問題に悩んでいる。

宗教は人を救うという強い信念をもってやってきたが、われわれ商売人は、物を買ってもらい儲けさせてもらうという通念でやってきた。そこに両者のひらきが出てきている原因があるのではないか。

われわれ産業人も自分がやっていることの究極の意義をしっかりと自覚しなければならないのではないか」

この閃《ひらめ》きを受けて、その年の5月5日端午《たんご》の節句に、全店員を大阪の堂島にある中央電気倶楽部に集合させ、会社の使命を発表した。

「産業人の使命は、貧乏の克服である。社会全体を貧より救って、これを富ましめることである。商売や生産の目的は、その商店や工場を繁栄させるのではなく、その活動によって社会を富ましめることにある。

その意味においてのみ、その商店なり、その工場が盛大となり、繁栄していくことが許されるのである。松下電器の真の使命は、生産に次ぐ生産により、物資を無尽蔵《むじんぞう》にして、楽土を建設することである！」

松下の心は天によりひらかれて、それを受けて、真の使命を発見し、逆に天の心をひらく結果となった。

そして、従業員や周りの社会の心も大きくひらかれたことはいうまでもないだろう。

店員はこの天の声に身体をふるわせ、涙を流し、われ先に壇上に駆け上り、自分の決意と所感を述べた。先輩と後輩、マネジャーと平社員、老いと若きの隔たりもなく、感動のあまり壇上を占拠し、司会者がドラを叩いて交代を告げるまで興奮して話を続ける。


みんなが天からの使命を待っている。

天はみんながその使命を引き受けてくれることを待っている。

人生は大業である

あなたも偉大な使命があって、この世に生まれている。

そして、本当の成功をおさめる第一歩というのは、素直な心をもち、その使命を引き受け、自分の仕事を大業にすることである。

つまり、あなたの経営、あなたの家族、あなたの学問、あなたの人生そのものが聖なる事業であり、万物に貢献するものであり、チリひとつも落ちていない状態でその人生を営んでいかなければならないということだ。

人間である以上、欠点もあるだろうし、いたらない点もたくさんあるだろう。

ただ、動機づけにおいては、間違ってはいけない。ほかをだましたり、苦しめたり、引き降ろしたり、罠にかけたり、また自分だけが良くなろうと思って行動していれば、必ず衰退していく。

インド独立の父マハトマ・ガンジーが、この真実を次のように表現した。

「希望を失いそうになるとき、人類の全歴史を通して、真実と愛の道が常に勝ち続けたということを思い出す。暴君や人を殺《あや》める者は登場し、一時は無敵にみえることもあるだろう。しかし、最期は必ず倒れる。絶えず、それを思い見よう」

呼ばれていることに気づこう

そこで、質問が出てくる。

使命があるとすれば、具体的にいうと、その使命は何だろうか。

それを発見するのとしないのと、人生はまるっきり違うものになる。

使わされた命であるからには、生まれたときから、使命をもっている。したがって、ミッション・使命は作り出すものではなく、書き上げるものでもなく、発見するものであるはずなのだ。

英語で、この使命を「your calling」ともいって、その仕事をするように呼ばれているということである。

あなたはどういう道に呼ばれているだろうか？
それは必ずしも自分にとって都合の良いものではないかもしれない。
儲かる道ではないかもしれない。
でも、心の中に、この仕事をしなければならないと感じる……。

子供の頃にどういうことが好きだったのか？

人生の最期になり、どういうふうに覚えられたいのか？

何をしていると、最も大きな意味と意義を感じるだろうか？

私は14歳のとき、アメリカの実家の前にある通りを歩いていたら、藪《やぶ》から棒に、青天の霹《へき》靂《れき》で、「日本！　格好いい！　行かなくちゃ！」とそう閃《ひらめ》いたのである。

使命はインスピレーションと直感の世界である。

まさに日本に行くように召されたのだ。

そして、28歳のとき、実に14年間の準備期間を経て、やっとのところ、その意味が分かった。

それは、初めて個人的なミッション・ステートメントを書き上げたときのことである。

「私の人生の目的は、世界により良い生き方を教えることである」

教育だ！

大業だ！

終わりのない、私の生涯の働きだ！

そして、その中において、特に日本人に人生哲学を教えるために呼ばれていると感じた。

素直に引き受ければ、根源の後押しを受ける

そのときまでは、とても苦しかった。

何をしても、まったくうまくいかない日々だった。

しかし、それからというものは、根源の後押しを受けた。

13冊もの書籍を出版し、２３０万部以上を売り上げた。

自分の開催するセミナーに何百人、講演会に何千人もの人たちが集まるようになった。

これは、決して私が優れた人間だからではなく、素直に心の声に聞き従い、周りの人たちの支えを受けて、世間の共鳴も得られたからである。

自分の心をひらけば、ミッションが見えてくる。

自分のミッション・使命に対して素直になろう。

躊躇《ちゅうちょ》せずに引き受けよう。
それを生きよう。
見つけるまで、探すようにしよう。
瞑想と内省に時間をもとう。
旅してでも探そう。
本も読もう。
そして、その声を聞いたとき、それを声高々に宣言し、実行し始めよう。

どうしたらできるのか、分からないことも多いだろう。
見えない道も多いだろう。
しかし、歩いていれば、心の行灯《あんどん》が点《とも》り、やがて見えるようになるに違いない。

私の人生の目的は……。

人生はむずかしくない

人生はむずかしくない。

不必要にむずかしくしているだけである。
心をひらけばいいだけの話ではないか。

正しい生き方をしていれば、自分の心も喜び、人の心もひらき、社会もこちらの存在を肯定し、支えてくれる。そして何かしらの偉大な力が働き、自分の夢・目標・思いが思わぬ方法で実現される。

その思いは正しいものであり、みんなにとって喜びと繁栄をもたらすものだからである。

これはすべて、自分の利益になるから、会社が儲かるから、そうした狭い考えからやることではなく、これが正しい生き方であり、人生を全うする道だからやるものである。

自分の心の動機を探るようにしよう。命の泉はそこから出ずるものであり、問題解決と目標の実現のすべてをそこに見出すであろう。

心をひらくことにより、松下幸之助は日本の最高の産業人、最も富めるお金持ち、最も多くの本を売ったベストセラー作家、最も尊敬される人物のひとりになった。それはすべて、学歴もなく、難病を患《わずら》いながらのことであった。

彼の素直な生き方、その単純な教えがあなたにも大きな影響を与え、私にもたらしてくれたのと同じような祝福をあなたの生活にも与えられることになれば、これ以上の幸せはない。

自分の心をひらき、周囲の人たちの心をひらき、社会の心をひらくようにしよう。

そして、それにより、夢をひとつでも多く実践し、地上に楽園を築き上げるようにしよう。

あなたの心もひらかれ、義にかなうあなたのすべての心の望みがかなえられることを願ってやまない。

愛を込めて

ジェームス・スキナー

あとがき

人は心です。そして、人生の功績は、すべて人の功績であり、その人たちが心をひらき、行動を起こし、むずかしい状況に遭遇しても、簡単にはあきらめないという結果なのです。

自分自身の心もそうですし、人の心もそうですし、また社会全体の心についても同じことが言えます。

この「心の連続体」をマスターし、素直になり、正しい道を歩み、共存共栄を求めることで、あなたのこれからの人生がより幸福と成功に満ちたものになれば、これ以上の幸せはありません。

本書を通して、「心の連続体」の各要素や、先哲にあたります松下幸之助の言葉やエピソードをたくさん紹介してきました。

心理学者のアルバート・メラビアン博士の研究によれば、言葉は、われわれのコミュニケーションの約7％にしかなりません。声のトーンや抑揚が38％になり、また身体言語（いわゆるボディーランゲージ）が、残りの55％を占めているということだそうです。

従って、ここまできて、心をひらくことに関して、私の伝えておきたいことの7％程度しか伝えられていない可能性があります。

そこで、PHP研究所に無理を言って、本書に特典映像を追加してもらいました。

この映像は、私ジェームス・スキナーが日本語で、日本人に、松下幸之助の世界や、心をひらくプロセスを講演しているものであり、さらに松下幸之助ご自身の音声もおさめられています。本書特典とは別に全国のTSUTAYAの「TSUTAYAビジネスカレッジ」コーナーで『心をひらく』として本書の未収録部分もレンタルもされますので、ぜひ本書と併せて学んでいただきたいと思います。先ずは本書の特別特典として、その講演の未収録部分を観てください。

映像は付属のCD-ROMを使ってパソコンで観ることができますし、盤面に記載された専用サイトから、CDドライブのないパソコンやタブレットやスマートフォンからも観ることができます。

このあとに付いている案内の中に、その方法が書かれていますので、ぜひ観ていただくことをお勧めします。心がさらにひらかれ、さらに松下幸之助の世界、その思いや考えがあなたの中に浸透していくことになるでしょう。

「心の連続体」を活かし、あなたはどのような結果を出すのか、会社、家族、社会の中において、何を築き上げていくのか、その報告を心待ちにしております。

みんなの心がひらかれれば、不可能なことは何もありません。そして、やがて、われわれの手で、この地球における楽園を築き上げていくに違いありません。

愛と感謝を込めて

ジェームス・スキナー

監修について

本書で使用している松下幸之助の著作や関係資料は、ＰＨＰ研究所経営理念研究本部の提供および監修によっています。また、本書の構成や文章については、私の著書を数多くプロデュースしてくれている柴田博人氏の監修を仰ぎました。謹んで感謝を申し上げます。

主な参考文献・資料

『道をひらく』（ＰＨＰ研究所）
『実践経営哲学』（ＰＨＰ研究所）
『人生心得帖』（ＰＨＰ研究所）
『社員心得帖』（ＰＨＰ研究所）
『商売心得帖』（ＰＨＰ研究所）
『指導者の条件』（ＰＨＰ研究所）
『松下幸之助の見方・考え方』（ＰＨＰ研究所）

公益財団法人松下社会科学振興財団松下資料館展示資料など

映像を見るには

パソコンで見るには

●Windowsをご利用の方
CD-ROMをコンピューターに挿入すると自動再生でソフトウェアが実行されます。
実行されない場合は、「forWin」をダブルクリック等で実行してください。

●Macintoshをご利用の方
「forMac」をダブルクリック等で実行してください。

スマートフォンやタブレット、CDドライブの無いPCで見るには

本書付属のCD-ROMに収録されている映像は、スマートフォンやタブレット、CDドライブの無いPCでもご覧いただけます。

スマートフォンやタブレット、CDドライブの無いPCで特典映像をご覧になる場合はインターネットに接続した状態で、CD-ROM盤面に記載されているURLを入力し専用サイトにアクセスしてご覧ください。

特典映像をご覧いただける専用サイトのURLはCD-ROM盤面に記載されています

合計4つの映像の中から、2つの映像を本書付属のCD-ROMに収録しました。こちらはパソコンで見ることが出来ます。

◆CD-ROMの内容の一部または全部の複製および無断転載を禁じます。

⚠【警告】このディスクは「CD-ROM」です。
DVDプレイヤー、音楽プレイヤーでは絶対に再生しないでください。
大音量によって耳に障害を被ったり、スピーカーを破損する恐れがあります。

●動作環境
◆付録閲覧のためのインターネット接続（ADSL以上を推奨）

Windows
◆ソフトウェア　Microsoft Windows XP、または Windows Vista、または Windows 7、Windows Media Player 10以上
◆ハードウェア　Intel Pentium M 1.5 GHz、または同等以上のスペックCPU、Windows XPで512MB以上、Windows Vista 及び Windows 7 で1GB以上のRAM、700MB以上のハードディスクの空容量

Macintosh
◆ソフトウェア　Mac OS X 10.4(Tiger)以上、Quick Time 7 以上
◆ハードウェア　Intel CPU、512MB以上のRAM(1GB以上を推奨)　700MB以上のハードディスク空き容量

TEL：0120-85-2637　営業時間：月～金 午前10時～午後6時（土、日、祝日休み）
有限会社 トゥルーノース　問合せメールアドレス info@jamesskinner.com

10歳のときに撮った人生初の写真。五代自転車商会の店主夫人と

松下電器発展の転機となった熱海会談。出席者すべての顔が見えるようにとの思いから、幸之助の演壇が異様なほど高いことが分かる

昭和51（1976）年８月22日、日米親善の旅でロサンゼルスへ。アメリカ建国200年祭の祝賀行事の日本祭パレードに招かれた幸之助・むめの夫妻

松下幸之助の略年譜

明治27(1894)年		11月27日、和歌山県海草郡和佐村に生まれる
明治37(1904)年	9歳	大阪の火鉢店で丁稚奉公
明治38(1905)年	10歳	五代自転車商会に移る
明治43(1910)年	15歳	大阪電燈に見習い工として入社
大正 4(1915)年	20歳	井植むめのと結婚
大正 6(1917)年	22歳	大阪電燈を退職。ソケットの製造を始める
大正 7(1918)年	23歳	松下電気器具製作所を創業。改良アタッチメントプラグなどがヒット
大正12(1923)年	28歳	砲弾型電池式自転車ランプを発売
昭和 2(1927)年	32歳	スーパーアイロン、ナショナルランプが大ヒット
昭和 4(1929)年	34歳	深刻な不況で売り上げ半減するも、従業員を解雇せずに乗り切る
昭和 7(1932)年	37歳	産業人の真使命を闡明《せんめい》、250年計画を発表
昭和 8(1933)年	38歳	事業部制を実施。現在の門真《かどま》市に本店・工場を移転
昭和10(1935)年	40歳	株式会社組織に改め、松下電器産業に改称
昭和18(1943)年	48歳	軍の要請で松下造船、松下飛行機を設立
昭和21(1946)年	51歳	財閥家族、公職追放などの指定を受ける。ＰＨＰ研究所を創設
昭和25(1950)年	55歳	ＰＨＰ研究を中断し、松下電器の再建に注力
昭和26(1951)年	56歳	欧米を視察
昭和27(1952)年	57歳	オランダ・フィリップス社と技術提携成立
昭和31(1956)年	61歳	５カ年計画を発表
昭和35(1960)年	65歳	５年後に週５日制を実施することを発表
昭和36(1961)年	66歳	社長を退いて会長に就任。ＰＨＰ研究を再開
昭和39(1964)年	69歳	熱海会談を開催。営業本部長代行として陣頭指揮
昭和42(1967)年	72歳	「５年後には欧州を抜く賃金に」と呼びかける
昭和45(1970)年	75歳	日本万国博覧会に松下館を出展
昭和46(1971)年	76歳	飛鳥保存財団初代理事長に就任
昭和48(1973)年	78歳	会長を退いて相談役に就任
昭和54(1979)年	84歳	松下政経塾を設立
平成 元(1989)年	94歳	４月27日、逝去

〈著者略歴〉

ジェームス・スキナー（James Skinner）

1964年、アメリカ合衆国生まれ。現在、世界を旅しながら生活を送っている。

アメリカ国務省、財団法人日本生産性本部の経営コンサルタント、フランクリン・コヴィー・ジャパンの代表取締役社長、多くのテレビ番組を盛り上げる経済評論家の経歴をもつ。

『成功の９ステップ』（幻冬舎）、『お金の科学』（フォレスト出版）、『愛の億万長者』（中経出版）、『100％』（サンマーク出版）、『原則中心』（キングベアー出版）などの著書、『７つの習慣』（キングベアー出版）の翻訳が有名で、合計230万部以上を記録している。

１回の指導だけで、劇的な変化をもたらすコンサルティングやコーチングの手法は大きな反響を呼んでいる。

ジェームスが教える「成功の９ステップ」のライブセミナーは日本一の人気を誇り、まさに時の人。

www.jamesskinner.com

〈監修者略歴〉

柴田博人（しばた・ひろひと）

1968年、東京生まれ。株式会社トレジャープロモートはじめ複数の企業の代表取締役を務める起業家であり、株や不動産に精通する投資家。近年は会社経営や投資活動の傍ら経営者育成にも力を注ぐ。著作監修は友人ジェームス・スキナー氏の作品のほか、最新刊に『株の学校』（監修、高橋書店）がある。

ＰＨＰ研究所経営理念研究本部

松下幸之助に関わる資料の収集、整理、保管および、その著作権を管理している。また松下幸之助の哲学、ＰＨＰ理念の研究を推進し、社内外へその研究成果を公表する発信基地の役割を果たす。『松下幸之助発言集』（全45巻）、『松下幸之助　経営百話』など多くの関連書籍やＣＤ集を編纂、制作している。

カバー・ブックデザイン◎印牧真和

心をひらく
あなたの人生を変える松下幸之助

2015年9月4日　第1版第1刷発行

著　　者　ジェームス・スキナー
監 修 者　柴　田　博　人
　　　　　PHP研究所経営理念研究本部
発 行 者　佐　藤　悌　二　郎
発 行 所　株式会社ＰＨＰ研究所
京都本部　〒601-8411　京都市南区西九条北ノ内町11
　　　　　研究出版事業部　☎075-681-9166（編集）
東京本部　〒135-8137　江東区豊洲5-6-52
　　　　　普及一部　☎03-3520-9630（販売）
松下幸之助.com　http://konosuke-matsushita.com/
PHP INTERFACE　http://www.php.co.jp/
制作協力
組　　版　株式会社PHPエディターズ・グループ
印 刷 所
製 本 所　図書印刷株式会社

ISBN978-4-569-82805-3